家事がしやすい暮らしの工夫

本多さおり

マイナビ

はじめに

この本では子どもを持つお母さんたち7名に「あなたの家事、見せてください」という取材にご協力いただきました。

子どもの年齢は1歳から14歳、お母さん歴もさまざまな方々の家事はとても参考になり、取材では「なるほど」「ほぉ！」の連続。

一方、私はといえば、昨年初めての出産を経験。現在1歳児の子育てと家事、仕事をどうにかうまく回せるよう、試行錯誤の毎日を送っています。

子どもがいると、家事が中断されて思っていたように進まないのが日常茶飯事。「それ

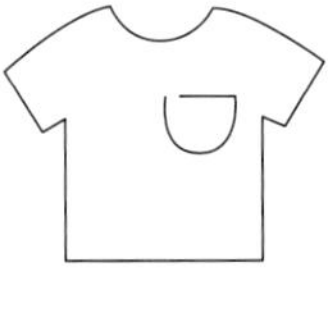

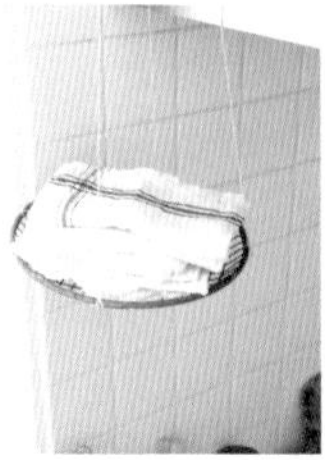

ちかこさん(P106)手作りのふきん置き場。ワイヤーかごにひもをつけて、手に取りやすい位置に吊るしていました。私も欲しい！

山内さん(P84)はアイスなどについてくるプラスチックのスプーンを、調味料の小瓶に入れっ放しに。小さくて使い勝手がよさそう。

ならば！」と、家事をなるべく先取りしてこなしていく心がけが習慣づきましたが、それがあまり加速しすぎると、家事を追っているつもりで追いかけられているような息苦しさを感じるようになりました。

「なんで私はこんなに疲れているんだろう？」

「ほかのお母さんたちは、みんなどんなふうに家事をこなしているの？」

そんな思いを抱きながら取材させていただいたお母さんたちは、「頑張る」と「頑張りすぎない」のバランスがお上手な方ばかりでした。

「大事にしたいから」とか「好きだから」という部分には手間と時間を惜しまないけれど、その一方でほかの家事はおおらかに、「これでよし！」とする潔さがあるのです。

　先回りの連続で疲れ果て、いつのまにか家事が「頑張るもの」になっていた私は、「もっと力を抜いたらいいよ」と肩をポンッとたたいてもらったような気持ちになりました。

　この本をお読みいただくことで、「私にとっての家事のちょうどいい具合って？」の答えを導き出してもらえたらと願っています。

ワタナベマキさん(P52)愛用の調理道具。調理中に何かと出番があるスプーンとフォークを1本ずつ用意しておくのは、真似したい。

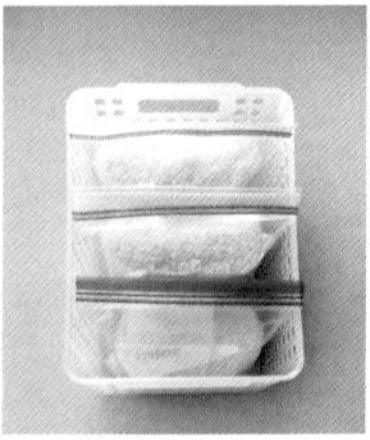

マルサイさん(P74)は米を2日分ずつ保存袋に。計量の手間が省けて、残量がひと目でわかるのがいい。

家族の健康を支える食事作り

……柴田寛子さん

「まずは食事作りをちゃんと。そのために、全部きちんとやろうとせず、優先順位をつけています」

「生活の軸にあるルーティン。日常のリズムに組み込まれているので、苦にはならないです」

毎日続けている当たり前のこと

……ワタナベマキさん

家事とは？

気持ちよく暮らすための環境整備

……コヤマヒサコさん

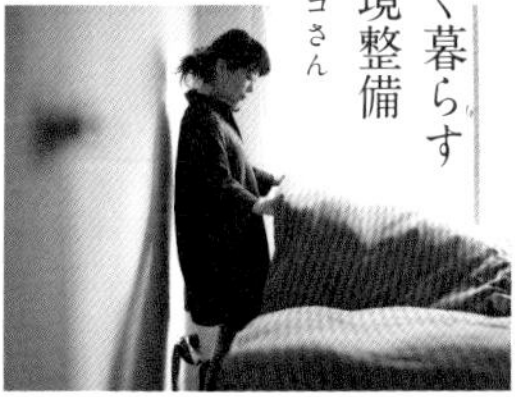

「美しい空間が好き。ひとりではなく、みんなで暮らす場所だから、気持ちのいい空間にしたい」

家族の「居心地」をつくること

……ちかこさん

「子どもが家にいる時間は限られているから、温かい記憶を残せるように。私ができることを」

毎日容赦なく
襲ってくる敵

……山内利恵さん

「敵と戦うために、あらゆる武装をします。暮らしの道具は武器、しくみ作りは作戦みたいなもの」

訪問した7人に
聞きました！

あなたにとって、

自分の役割で
やりがいのある仕事

……マルサイさん

「日々邁進するのみ。仕事としてやるからには、スキルアップを目指して努力したいと思います」

自分を整えるための
大切な作業

……山岡真奈美さん

「調子の波は家事で整えます。調子がいいと家族のために力を発揮できて、好循環が生まれます」

Part 1

本多家の「家事がしやすい」部屋づくり

家族が増えて、
家事に回せる時間が減少。
今まで以上に効率化が
求められるようになりました。
収納を見直し、ものを減らし、
暮らしのスリム化を実践中。

1LDK（50㎡）の賃貸住宅に、夫と1歳の長男と3人暮らし。キッチンはリビングダイニングを見渡せる対面式で、寝室にはクローゼットが2つ備わっています。

子どもが生まれて
家事量が増加。
頼りになるのはやっぱり
「使いやすい収納」でした

『みんなの家事ブック』（小社刊）を刊行してからの間に、大きな変化が2つありました。

ひとつは子どもの出産で、生活のリズムが一変。家事の内容は2人暮らしと変わりませんが、1人増えたことで料理も洗濯も掃除も量が少しずつかさ増しし、家事の全体量が多くなります。

さらに、おむつを替えたり、ご飯を食べさせたり、寝かしつけたり……。子どもの世話に時間を取られ、家事に費やせる時間は大幅に減りました。以前は朝と夜に家事、日中は仕事と分けていたのを、今は息子の活動に合わせて合間に組み込む「こま切れ家事」にシフト。一日が滞りなく巡るよう、「やること」をルーティン化し、試している最中です。

　また、私は時間に追われるのがイヤな性分なので、一歩先を行くために、その日の体力に合わせて家事をできるだけ前倒ししてやるように心がけています。たとえば、夜のうちに洗濯をすれば、翌日乾くのが早く、時間に余裕をもって片づけられます。野菜はまとめて切っておく、ゆでておく。時間があればおかずを１〜２品作り、離乳食は冷凍しておく。この「家事貯金」で毎日の負担を少しずつ減らしながら、なんとか乗り切っています。

　もうひとつの変化は家の引っ越し。息子が４カ月になった頃、夫の転勤が決まり、県内で引っ越しをすることになりました。内見のとき、緑が多い周囲の景色が気に入って即決。築40年を超える２Ｋの団地から、築４年１ＬＤＫの賃貸マンションでの生活が始まりました。

前は押入れのみだった収納が今は各部屋にあって使いやすく、洗面所やトイレも広い。築浅で水回りがきれいなので、掃除もラクです。ダイニングテーブルや洗濯ラックを買い足しましたが、家具や収納用品は前の家にあったものを使っています。これから子どものものが増えるので、断捨離も決行。不要なものを手放し、管理する手間を減らしました。

家事の時間が限られている今、収納に求める役割は「効率よく動けること」。少しずつアップデートしていくうちに「使いやすい収納」のルールが明確になりました。ものは使う場所に置く、最小限の動作で取れる、ひと目でわかる——。それらに加え、子どものものは家族にもわかりやすく収納することも重要です。「使いやすい収納」によって家事の負担が軽くなり、自分を助けてくれていることを日々実感。次ページから、新しい暮らしの収納をご紹介します。

大人ゾーン

Living

ゾーニングで大人も子どももくつろげるように

リビングは大人と子どものスペースを区切って使っています。壁際は、前の家から持ってきたソファを置いてゆっくりくつろげる大人ゾーンに。窓際は、絵本やおもちゃを置いて子どものプレイゾーンに。子どものものが多くなるとごちゃつきがちですが、ゾーニングすることで、ものが混在せず、見た目がすっきり！　動線も短くなるため、片づけも簡単。

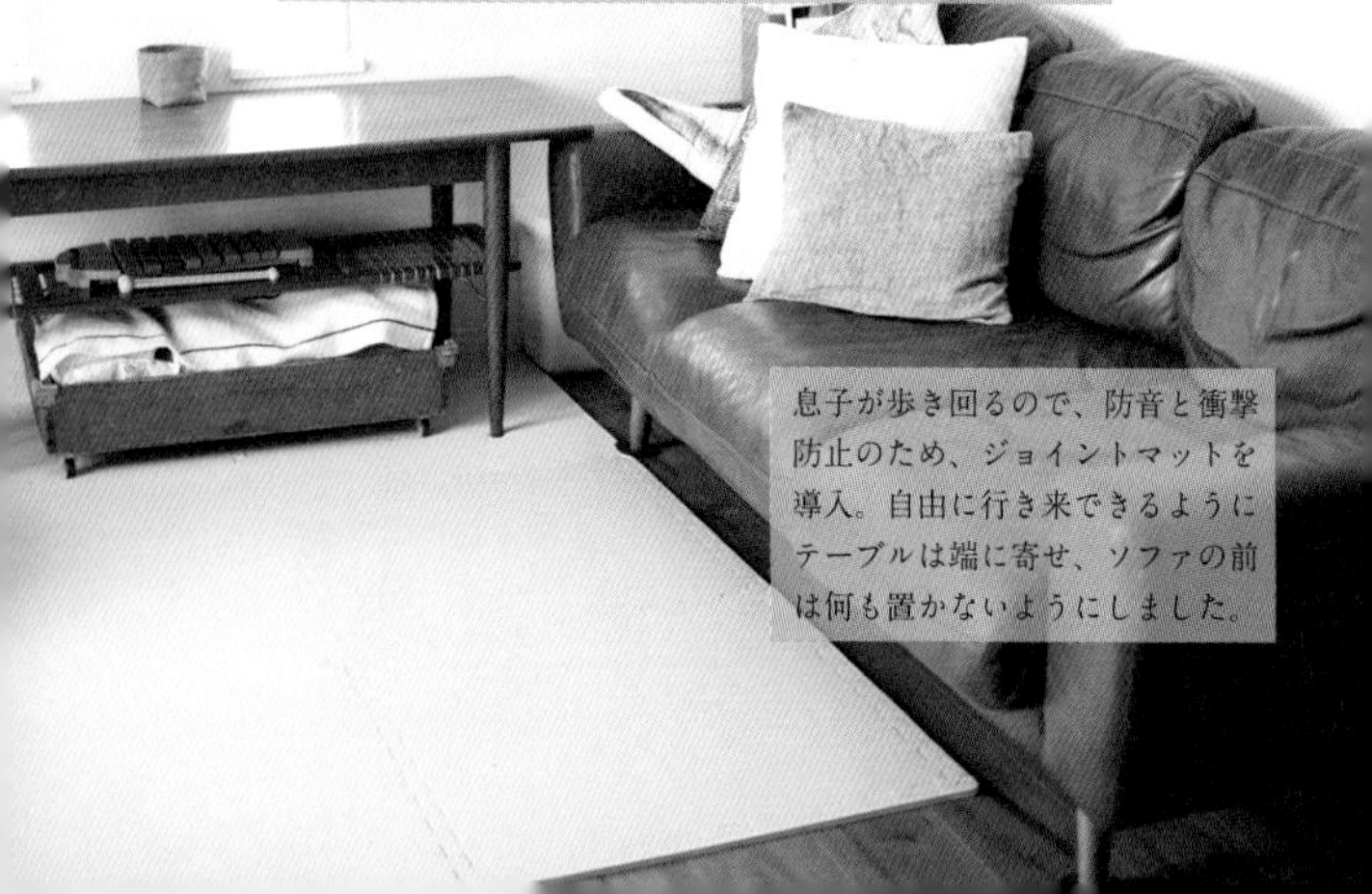

息子が歩き回るので、防音と衝撃防止のため、ジョイントマットを導入。自由に行き来できるようにテーブルは端に寄せ、ソファの前は何も置かないようにしました。

触られたくないものは家具でガード

ゴミ箱や綿棒は息子が中身を出して散らかってしまうことが多かったので、置き場所を検討。ソファとテーブルをL字に配置し、子どもが入れない場所に避難させました。

手に取れる場所に掃除道具を

本を収納しているマガジンラックのすき間を利用し、ハンディモップを入れています。ソファやテーブルのほこりが気になったら、ここから出してさっと掃除。

置かずに吊るせば掃除がしやすい

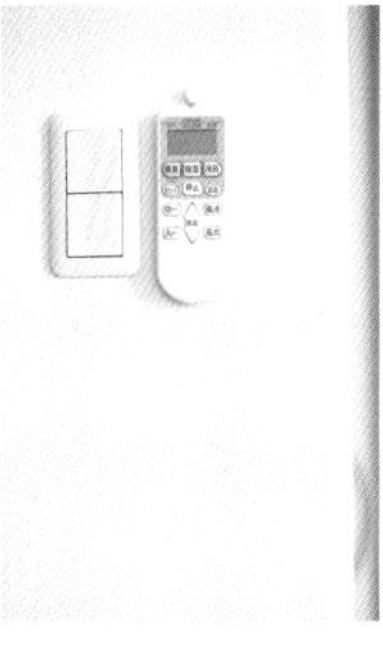

リモコンはピンフックで壁に、ドアストッパーはシールフックで扉に。小さなものも指定席を作れば、散らからず、掃除のじゃまになりません。ドアストッパーは低い位置が便利。

子どもゾーン

お世話セットはまとめて慌てない

床でおむつを替えるので、お世話セットはローテーブルの下。おまるやお尻拭きシートをまとめて、すぐ使えるように。浅い木箱なら、一覧できて補充もラク。

手が届かない奥にスキンケア用品

息子に触られたくないボディクリームやワセリンなどのスキンケア用品は、ローテーブルの上に避難。手を伸ばしても届かない壁際に寄せています。

広口でポイしやすいおもちゃ収納

1歳児でおもちゃの種類が少ないので、以前から使っているバケットで対応。口が広いので入れやすく、片づけがラク。おもちゃはサイズでざっくりと分類。

絵本はすべり台式で取りやすく

絵本は四角いかごに立てて収納。斜めのほうが、息子が立ったままでも出し入れしやすいと気づき、かごの下にアクリルの仕切りをかませて傾斜をつけました。

壁にカラフルなフラッグを飾って、キッズスペースらしさを演出。マットの上には肌触りのよい韓国のキルト、イブルを敷きました。丸洗いができて、衛生面も安心。

Dining

どこにも近い家の中心に、暮らしの1軍を

ダイニングはどの部屋に行くにも必ず通る、動線の交差点。通りすがりにものが片づくので、ここを利用しない手はない！　ということで、子どもの服やケア用品、日用品など、使用頻度の高いものを家じゅうから集めました。また、デスクを兼ねるダイニングテーブルは、すぐに片づくしくみを考案。

食事や仕事をするダイニングは、ものが混在しやすい場所。壁の棚と造りつけ収納を活用し、テーブル上をすっきりさせています。取り外せるベビーチェアはイングリッシーナ。

座ったまま戻せる
片づけシステム

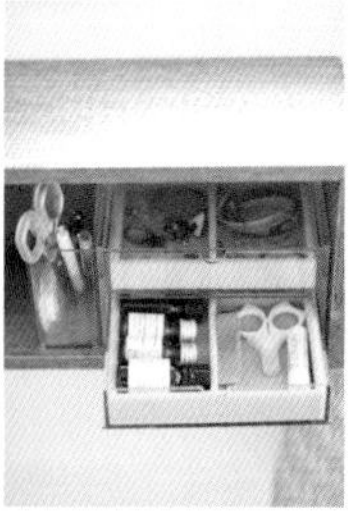

テーブルで使うものは、座ったまま手が届く場所に置けば、最小限の動作で片づけられます。すぐ横の壁に棚をつけ、コースターや文房具を収納。ティッシュやゴミ箱はフックで吊るしています。

つっぱり棒と引き出しで、子どもクローゼット

子どもはダイニングで着替えることが多いので、服をクローゼットから移動。左）デッドスペースを利用し、壁につっぱり棒を渡して簡易ラックに。右）１歳児の服は小さな引き出しで十分。仕切りを入れてラベリング。

子どものケア用品は補充しやすく

お尻拭きやボディクリームなど、消費の回転が早いものは、ほかの消耗品と分けてここに。ボックスにまとめれば、在庫がひと目でわかり、切らさずにすみます。

ドアフックに大人の着替えを用意

造りつけ収納のドアにハンガーフックを取りつけ、翌日の服を掛ける場所に。前夜にクローゼットから運んでおけば、朝子どもを起こさずにすみます。

子どもファイル、作りました！

一時保育や救急の連絡先など、子ども関連の書類をファイル化。1日何度も開けるここなら、入れ替えやすく、すぐ見つかって安心。

上のスペースは日用品や子ども服などの収納に。下のスペースはおもちゃを置いて息子の基地にしました。家の中に子どもがひとり遊びできる空間を作ることで、家事の時間をできるだけ多く捻出。

ZOOM UP!

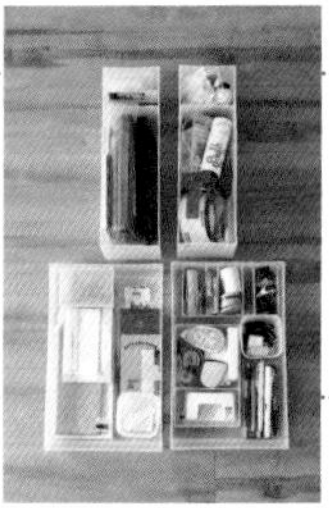

引き出し上段は母子手帳や通帳、ドライバーやテープなどのDIYグッズ。中段は便箋や一筆箋、スタンプ、切手などの手紙セット、下段はテープのり、ペンやクリップなどの文房具。

バッグリセットのフロー

子どもとの生活では持つバッグが日々変化。
帰宅後に中身をリセットするので、
ポーチやレシート置き場を設けました。

バッグの中身を取り出し

テーブルの上に中身を出します。財布、アルコールティッシュ、ポーチ、ハンドクリームが近所へのお出かけセット。

↓

レシートやポーチを所定の位置へ

財布からレシートを出してかごに。1カ月ごとに家計簿をつけて整理。上段はポーチなどを。

↓

バッグを自分の席の後ろに

外出準備がしやすいよう、椅子の後ろにバッグを。カウンターに鴨居フックで吊るしています。

前の家で洗濯ラックとして使っていたシェルフをキッチンに設置。調理スペースが狭いので、レンジフードにマグネットフックを取りつけ、よく使うキッチンツールの収納に役立てています。

Kitchen

指定席制なら、探さないし手間取らない

限られた時間の中で大人の食事と息子の離乳食作りをこなすには、時短につながる収納のしくみが必要。ものを探す時間は、積み重なると大きなロスになるので、居場所を決めてパッと見つかるように。アクション数の少なさも意識し、配置やケースを工夫しました。

1アクションで取れる
道具収納

上右)吊り戸棚の皿は重ねすぎず、片手で取れるように。上左)すっと抜き取るだけのバッグに水きりネットなどを。下右、下左)アクリルケースやラックに個別に収納すれば、ダイレクトにつかめてラク。

引き出し収納で奥を使いやすく

シンク下は引き出しを入れ、奥のものを取り出しやすくしました。上から中身が一覧できるので、すぐに見つかります。

ZOOM UP!

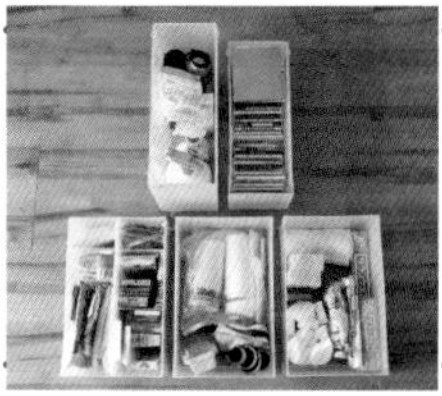

右側の上段はCD（キッチンにCDプレイヤーがあるため、ここが便利）、下段は洗剤。左側の上段はゴミ袋やラップ、中段は紙コップや紙皿、下段はマスクや医薬品など。

息子のものは「ここで見つかります」

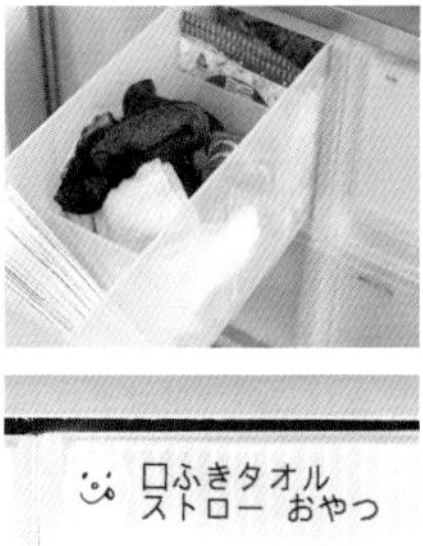

子ども用品のありかは、自分だけじゃなく、夫や母とも共有しておきたいもの。口拭きタオルやストロー、おやつは1カ所にまとめ、探さずにすむように、目印となる顔ラベルを貼りました。

子どもの食器はセットしてレンジ上に

1日何度も使う子どもの茶碗とスプーンはトレイにセットし、電子レンジの上を定位置に。食器を出し入れする手間が減り、離乳食の準備がラクに。

調味料はまとめて出し入れ１回に

毎日使う調味料は１カ所に集めると、一気に出し入れできてラク。だしや砂糖は背面のシェルフに、引き出しに収まらない液体調味料はシンク下に収納しています。消費を促すため、ごまも一緒に。

ZOOM UP!

上段はカトラリー、中段は小皿、下段はお玉やフライ返しなどのキッチンツール。カトラリーは仕切りケースをプラスし、木、ステンレス、小さいフォークとスプーンなど、種類別に収納。

収納、ふきん干し、家電棚、ゴミ処理システムを兼ねたマルチシェルフ。上段には奥行き半分の棚を追加し、お茶セットを並べています。

Washroom

置かない収納で、狭くても快適&清潔に

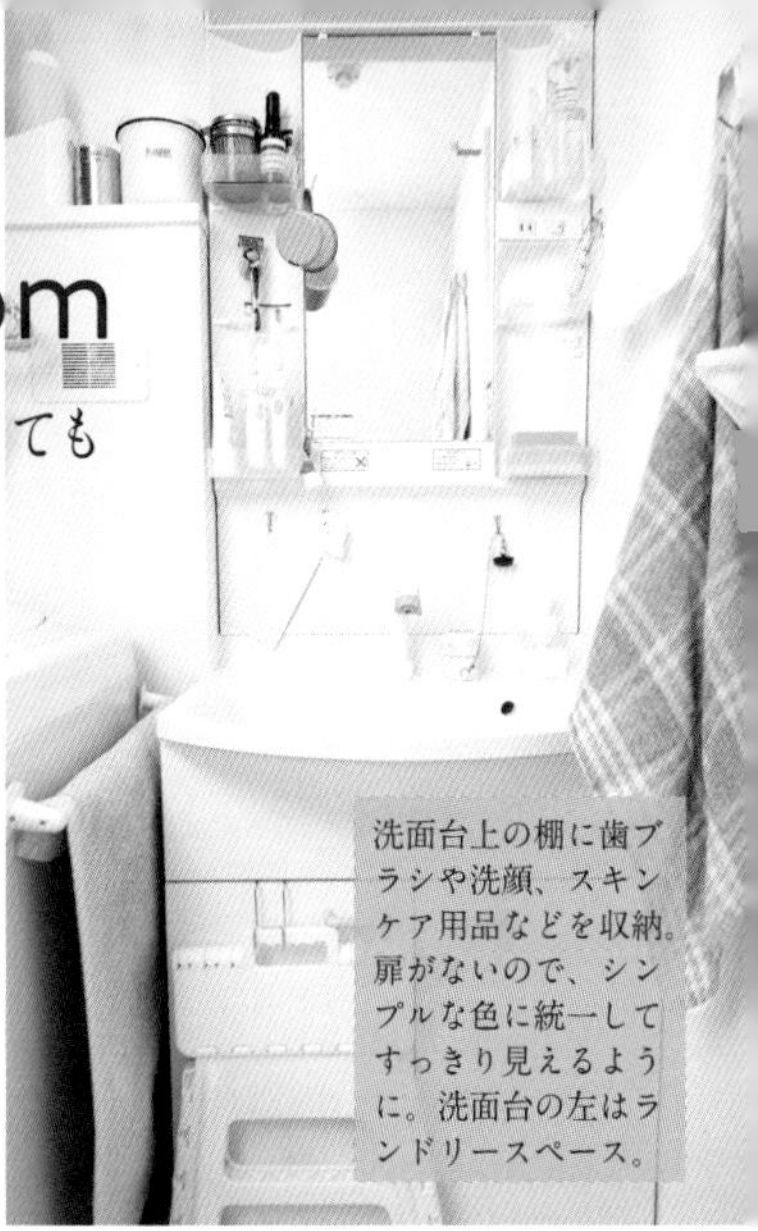

洗面台上の棚に歯ブラシや洗顔、スキンケア用品などを収納。扉がないので、シンプルな色に統一してすっきり見えるように。洗面台の左はランドリースペース。

身支度を整えるだけでなく、洗濯や息子のお尻洗いなど、1日何度も出入りする洗面所。狭いスペースですが、ここを機能的に使うと、日々の家事の助けになります。たとえば、洗濯機の上にバーつきのラックを置いて、洗濯物が干せるように。洗濯や掃除用品は、フックを多用して使う近くに配置。1アクションで出し入れでき、しかも掃除がしやすくて快適です。

洗面用具は吊るして置かない

コップやシェーバーなどは、フックで吊るして。立ったまま取りやすく、使ったあともすぐに乾いて清潔です。洗面台の上にものを置かないことで、掃除をラクに。

洗剤ケースは置き場所で替える

水回りの掃除は重曹せっけんに一本化。場所に合わせて使いやすい容器に替えています。洗面所は広範囲に散布できるふりかけボトル(右)、浴室はふたつきにし、水が中に入らないように(中)。キッチンは逆さにするだけで出るオイルボトル(左)を。

掃除用品こそ出してすぐ使う

掃除道具はしまい込まず、さっと手に取れる位置に置いて、「すぐやる」を後押し。メラミンスポンジは洗面ボウルの上、重曹せっけんを入れた容器は鏡横の壁の段差に。

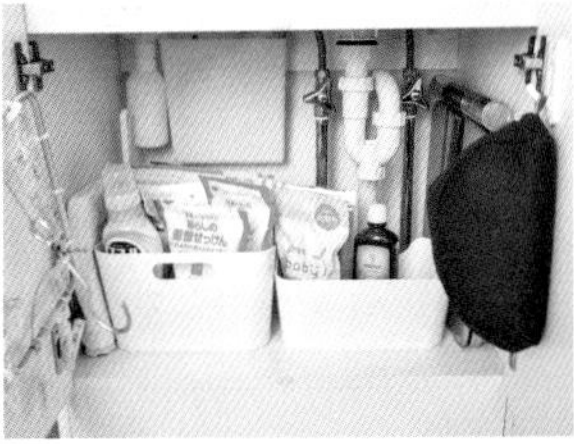

使いづらい洗面台下にストックを

かがむのが面倒な洗面台下は、ストック庫と割り切ってあまり使わないものを。洗剤のほか、補助の角形ハンガー、夫のバリカンを収納しています。

お尻拭きは定位置化で使いやすく

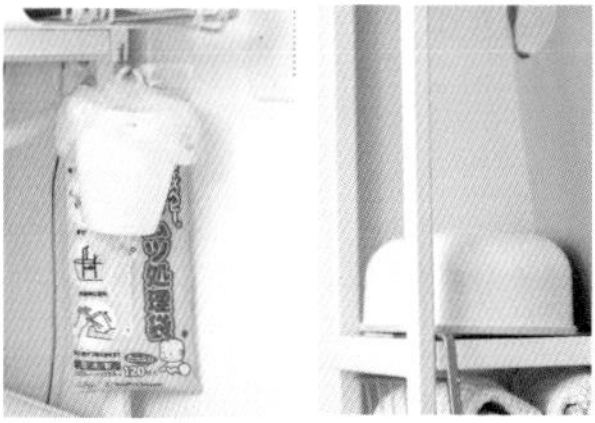

息子のお尻洗いに必要なものを洗面所に集結。場所を決めておけば、いざというときに素早く行動に移せます。お尻拭きシートは浴室扉のそば、おむつ処理袋はゴミ箱に捨てやすい位置に。

下着は着替える場所が便利

下着は入浴時にクローゼットから運ぶより、脱衣所にあったほうが便利です。洗濯機の横に引き出しを置いて、私と夫で1段ずつ使用。ラベルがあれば片づけもスムーズ。

コンタクトは左右で分ければ迷わない

仕切りつきの引き出しに、コンタクトの左右を分けて収納。左右で視力が違うので、あらかじめ分けておけば、取り間違いを防げて安心です。慌ただしい朝の時短にも。

空きスペースにタオルを空中収納

ラックの上部にできた空きスペースに、吊り下げ式のバスケットを設置。タオルの収納場所として活用しています。1枚ずつくるくる丸めれば、取りやすくぐちゃっとなりません。

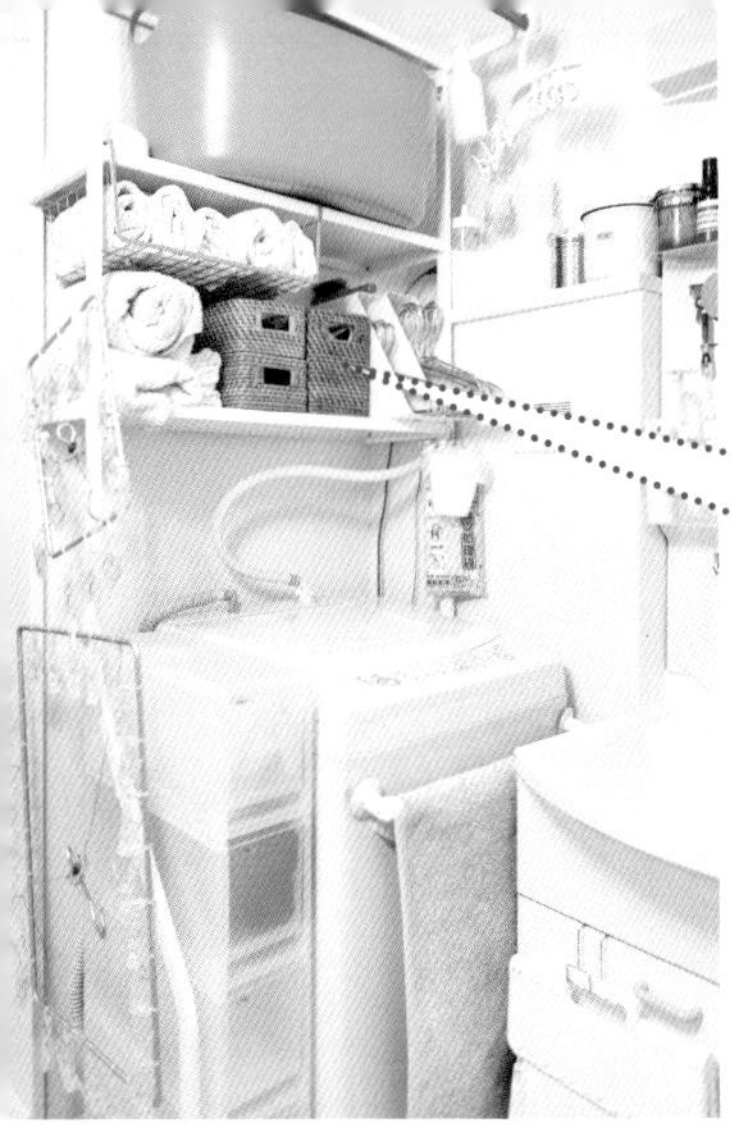

ZOOM UP!

右側の深いかごは、ドライヤー専用。持ち手つきなので、持ち運びがラクチン。左側は、上段にメイク用品、下段に歯ブラシやかみそりなど洗面用品のストックを。

吊るし収納を叶える優秀フック

フックはわが家の収納に欠かせないアイテム。場所や用途に合わせて、大きさや耐荷重、リーチの角度を使い分けています。右から、ピンタイプ(がっちり固定)、シールタイプ(透明は見た目がすっきり)、マグネットタイプ(キッチンに)、吸盤タイプ(水回りに)。

Bedroom

引き出しを処分。全部見せて、管理フリーに

床には何も置かず、寝るだけの空間に。右側がクローゼット、左側がウォークインクローゼット。布団をしまうスペースがないので、日中は立てかけて空気にあてています。

寝室にはクローゼットが2つあり、日常服とその他を分けて収納。最近、クローゼットで使っていた引き出しを撤去し、服をほぼ「見える化」しました。これが思いのほかラクチン！パッと見つかり、しまうのもポイ。管理のしやすさが家事時間の短縮につながっています。

「たまに」のものは分けてＷＩＣに

収納量のあるウォークインクローゼットは納戸として利用。フォーマルや季節外の服、アルバムやキャンプ用品など、ふだん使わないものを。

選ばないものは投げ込みOKに

吊り下げホルダーに、靴下やキャミソールなど選ばずに着るものを。ポイッと放り込めるので洗濯後の収納が億劫になりません。

真ん中のホルダーを境に、左が夫、右が私。はっきり分けることで、着替えや収納のスピードが上がります。枕棚のボックスにはサイズアウトの服、右下のバケットにはおむつを。

オープン棚で見やすく探しやすく

枕棚にカラーボックスを寝かせて置き、左は夫の短パンとTシャツ、右は私のインナーを(半袖、長袖、ニットに分類)。見つけやすく、出し入れがスムーズ。

デッドスペースにストールや帽子を

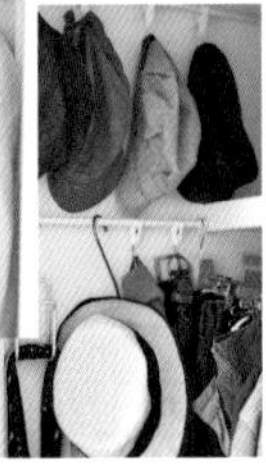

服に合わせたい小物は、1列に並べて、選びやすく。壁面のデッドスペースを利用し、つっぱり棒+フックで収納場所を作りました。数が多い夫の帽子は、つっぱり棒2本を使って、上下2段に。

玄関扉を利用した収納は、前の家でも実践。マグネットフックに、鍵や靴ベラを引っ掛けています。

Entrance

日用品のストック庫としてフル稼働

大容量の靴箱は、３人分の靴を入れても、まだ空きスペースが。そこで、下段に靴、上段に電池や掃除テープなど日用品のストックを収納しています。かさばるティッシュやトイレットペーパーを家の中に運ぶのは意外と面倒。買ってきてすぐ玄関でしまえれば、負担が減ります。

出し入れしやすい左側に子ども靴

棚の右側は手前のドアがじゃまになるため、子どもの靴は左側に。見やすくアクセスしやすいので、さっと取り出せて、外出時にモタつきません。

レインコートやサングラス、アームカバーなど、外で使うアイテム。外出時の装着はもちろん、帰宅時もここで脱いでしまえば、水滴や花粉を家の中に持ち込まずにすみます。

ZOOM UP!

上をストック庫、下を靴箱として使用。たたきが狭いので、靴の脱ぎ散らかしを防ぐため、夫の靴は戻しやすい下段に。

ドア裏に掃除道具をスタンバイ

玄関で使う掃除道具は玄関にスタンバイ。ほうきをセットしたちりとりとたわしを、靴箱の扉裏にフックで吊るしています。たわしはたたき磨き用。

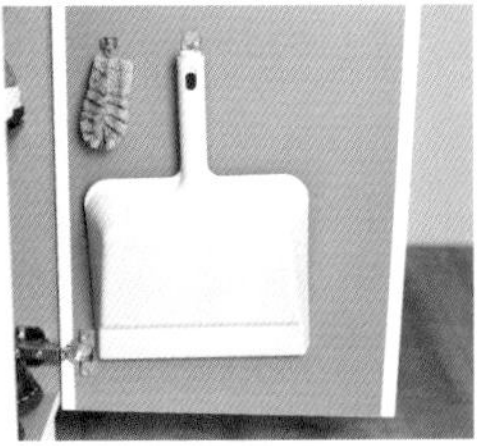

子どもが生まれて
始めたこと

朝ご飯あとの息子はごきげん。
遊びに夢中のうちに、
家じゅうを掃除します。

家事のほどほどルーティン化

子どもの世話が増えた分、家事時間が減少。ひとり遊びや昼寝中に組み込む「こま切れ家事」と、翌日がラクになる「家事貯金」が習慣に。

洗い物ついでの拭き掃除

朝食の食器を洗い終えたら、台ふきんでテーブルを拭くので、そのまま拭き掃除へ突入。ダイニングテーブル→ リビングのローテーブル→ ソファをぐるっと回り、ほこりが目立つ「面」を制覇。

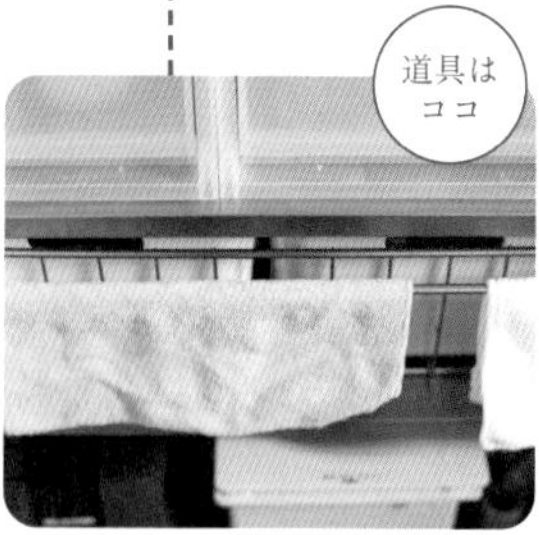

台ふきんは、キッチンの背面シェルフに。引き出しの取っ手に広げて干せば、目立ちません。

布団上げの前にコロコロがけ

寝室に移動し、布団に掃除テープをかけて髪の毛やほこりを取り除きます。すると、床掃除がラクで寝るときも快適。ちなみに布団は通気性のよいものを。立てておけば、外に干さなくてもOK。

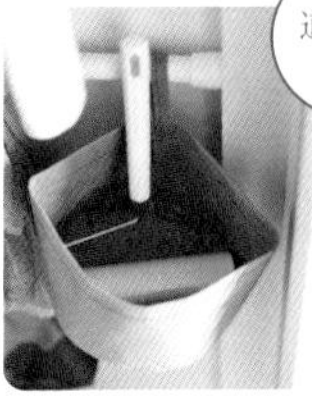

道具は
ココ

クローゼットに掃除テープを。ペーパーバッグのフックをつっぱり棒に通し、吊るしています。

寝室から順に掃除機をかける

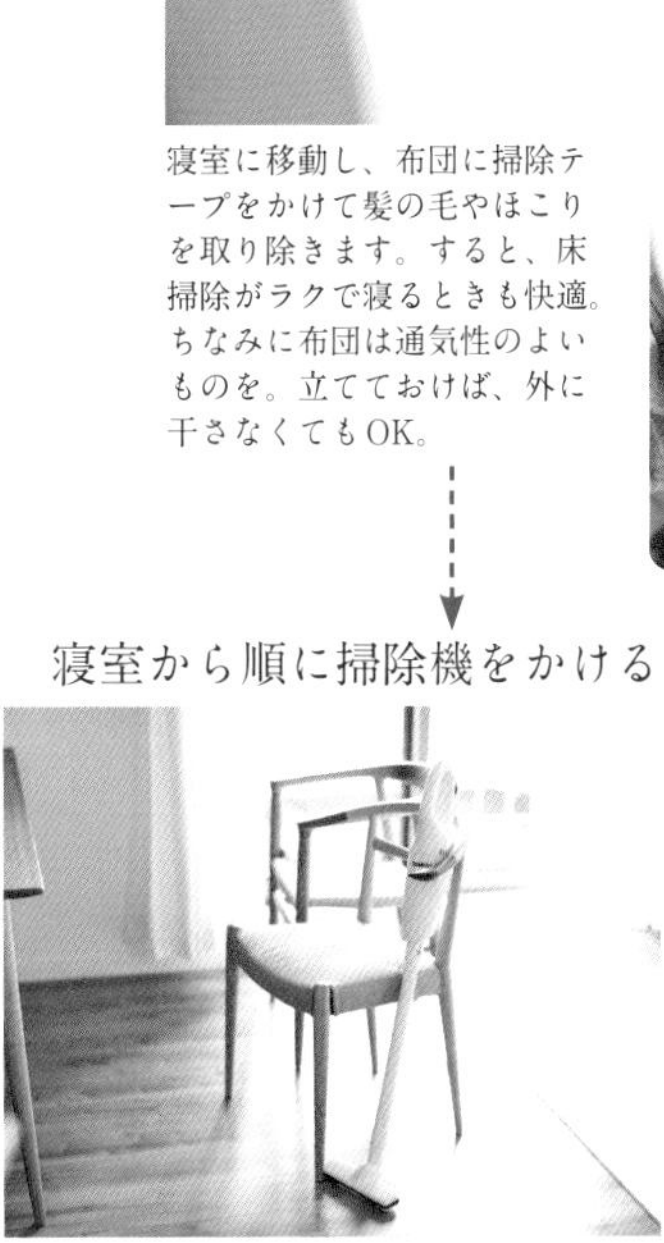

掃除機は寝室→リビング→ダイニングをかけ、収納場所のキッチンを最後に。ゴミを捨て、予備のバッテリーに替えたら充電器へセット。冷蔵庫に引っ掛けます。

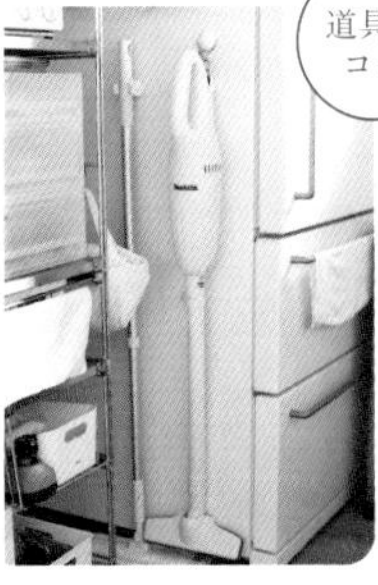

道具は
ココ

掃除機は、冷蔵庫の側面にマグネットフックで吊るし収納。そのすぐ近くに充電器を。

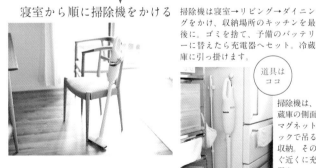

散歩や室内で遊んだあとは昼寝。
目を覚ますまでの間に、
水回りの掃除をやっつけます。

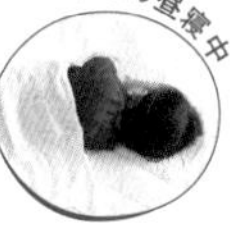

早めの浴室掃除で夜慌てない

重曹せっけんとスポンジは浴室の中に。棚に引っ掛けて吊るすスポンジは、フックレスで水きりも抜群。

午前中に浴室掃除をすませると、バタバタする夕方に余裕ができ、ちょうどいいタイミングで湯が張れます。浴槽をシャワーで濡らして重曹せっけんでこすり洗いし、泡を洗い流して完了。

ときどき……

トイレのしっかり掃除

常備してあるアルコールスプレー＋トイレットペーパーで、便器や床の全体を拭きます。ふだんは、使うたびに気になる箇所だけスポット掃除。

じゃまされないうちに洗濯物畳み

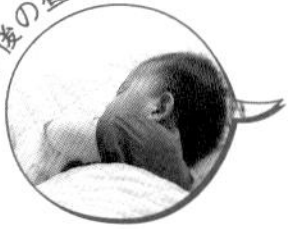

夕食までの昼寝タイムは、
ソファに洗濯物を広げられるチャンス。
このすきに畳んで収納まですませます。

洗濯物はバサバサとさばきたいので、取り込むのはベランダで。ほこりの一因になる毛羽を、家の中に持ち込まないようにしています。畳み終えたら、洗濯用品の片づけは一気に。洗面所に収納するタオルや下着も、バスケットの中に入れて一緒に運びます。何度も往復せず最小限ですませることで時短に。

ほこり予防にも！

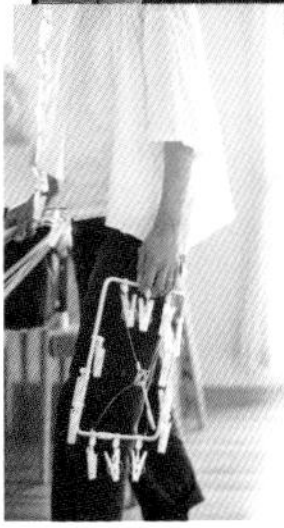

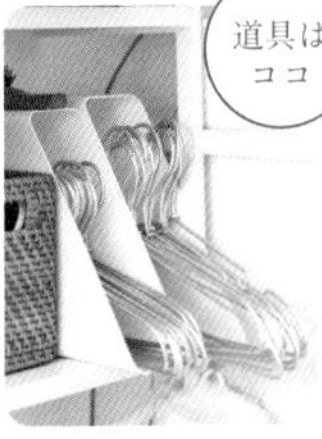

道具はココ

ハンガーは絡まないようサイズで分け、洗濯ラックに置いたファイルボックスに。かさばる角形ピンチは、ラック側面につけたフックに省スペース収納。

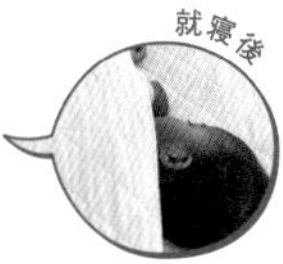

寝かしつけ後、就寝までの約3時間。
今日の後始末をし、
明日の「家事貯金」を作ります。

朝ラクするための夜洗濯

夜の洗濯は翌日の早い時間に乾くので、片づけに余裕が持てます。入浴後に洗濯機を回し、ハンガーやピンチ別に仕分け、一気に干します。すると、洗濯機からいちいち取り出さずにすんで効率的。寝室に移動して乾かし、翌朝天気がよければベランダへ。

仕分けてから
一気に干す

道具は
ココ

室内干しのラックは、寝室のウォークインクローゼットに。すぐ前で干すので、準備がラク。

一日の最後は洗面所掃除

洗面所の掃除は、入浴や洗濯をすませたあとに。髪の毛や洗濯クズをまとめて拭き取れ、翌朝洗面所を気持ちよく使えます。雑巾で洗濯機のホースの下までしっかりと水拭きし、最後に洗面ボウルと浴室の排水口のゴミをティッシュでつまみ取ります。

タオル掛けに、床拭き用の雑巾を乾かしながら収納。ティッシュも吊るして、手に取りやすく。

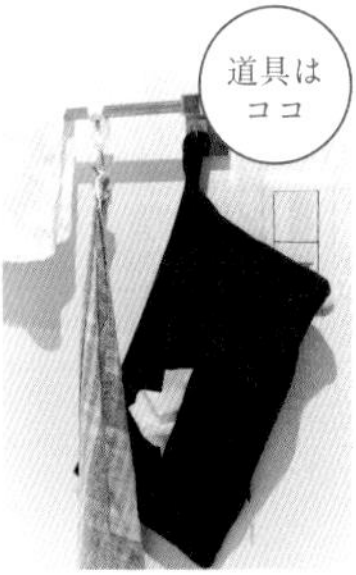

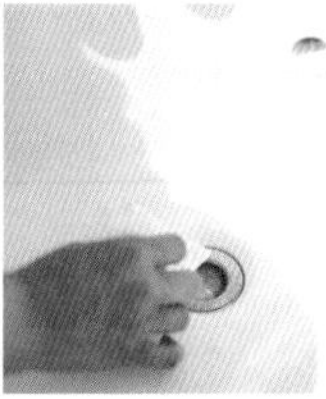

「料理貯金」をできるだけ

レパートリー増やせ化運動

サラダはほぼ毎日作るので、ゆで野菜のストックは欠かせません。ほうれん草やブロッコリーなど3～4種類をゆで、ついでに離乳食用のトマトを湯むき。毎日の献立に悩まないよう、雑誌の気になるレシピを切り抜いて壁に貼り、ときどき試作。

道具は
ココ

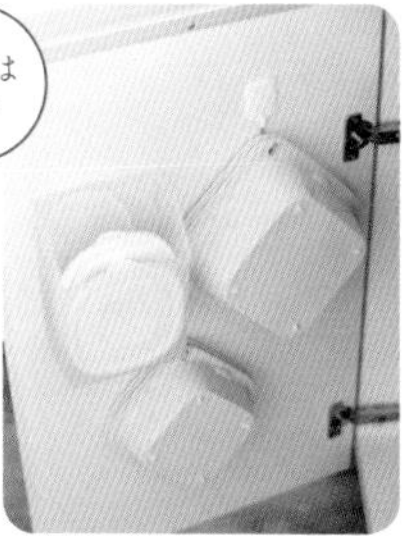

ゆで野菜に使うフライパン、ざるとバット、網じゃくしは、手を伸ばせば届く位置に。フライパンはコンロ下、ざるとバットは作業台下、網じゃくしはコンロ脇に収納しています。いずれも1アクションで出し入れ可能。

ときどき……

キッチンの床を水拭き

油物を調理した日や足元がベタついたときは、水に濡らした雑巾で床を拭き上げます。余裕があれば、シンクを重曹せっけんでひと磨き。

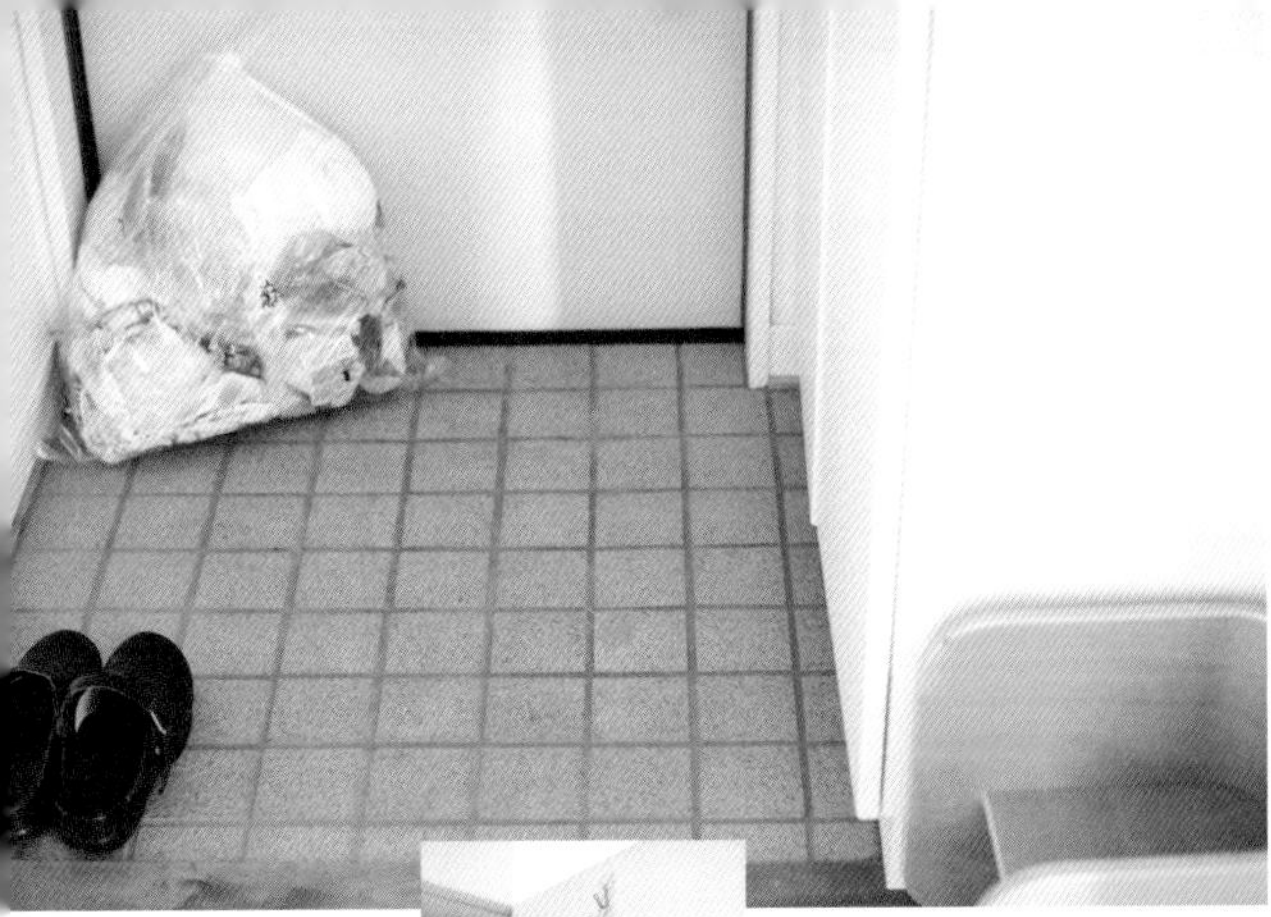

家じゅうのゴミをまとめて玄関へ

ゴミ出しは夫の担当。前日の夜にゴミをまとめ、玄関ドアの前に置いておけば、朝バタバタせずにすみます。ゴミの日や分別に迷ったとき、すぐ確認できるように、マニュアルを吊り戸棚の扉裏に吊るして。

道具はココ

ゴミをまとめるキッチンに、ゴミ袋を収納。厚紙をはさみ、ひもで固定して1枚ずつ取れるように。

子どもが生まれて
やめたこと

ものの管理と選ぶ手間

今は子育て中心の生活なので、ものの管理はラクさ優先。数を減らしたら、買い物や収納がラクになり、時間にも余裕が生まれました。

服・靴

服は3パターン、靴は3足に

服は今の私にしっくりくる、ボーダー、シャツ、青系を残し、ほかは処分。数が減れば迷わずにすみ、足りないアイテムも明確になります。靴はおしゃれ靴を手放し、履き心地のよいダンスコがメイン。

洗剤

1種類で家じゅうどこでも

洗剤は場所別に持つのをやめ、重曹せっけん1本に。食器洗いにも使えるので、台所用洗剤代わりにも。泡立ちがよく、手荒れもなし。

コスメ・スキンケア用品

アイメイク、ウォータープルーフはなしに

朝のメイク時間は8分。アイメイクは手放し、メイク落としが面倒なウォータープルーフをやめました。洗顔後は化粧水1本。下地は使わず、夏は日焼け止め、冬はクリームで。

器

頑丈品がレギュラーに昇格

欠けやすい土ものは取り扱いに神経を使うので、しばしの我慢。頑丈なイッタラの「ティーマ」と柏木千絵さんの器が1軍。

詰め替え、やめました！

食品

長持ちするものほど控えめに

日持ちする乾物や調味料ほどつい油断して放置しがち。管理が追いつかないので、使い切る自信のあるものだけ購入し、袋のまま使用。

Part 2

みんなの「家事がしやすい」部屋探訪

他人を気にせず、
自分なりのやり方で。
取材した7人が見つめていたのは、
〝わたし〟と家族でした。
毎日の家事をやりくりする方法に、
NGなんてないのです。

暮らしの先輩に会いに行く

料理の楽しさを学ぶ家

ワタナベマキさん

data

3人暮らし（本人41歳・料理家、夫47歳・グラフィックデザイナー、長男10歳）、住まいは分譲マンション、約86㎡、3LDK）

Profile

料理家。素材の味を生かしたシンプルで実用的なレシピが人気。近著に『時間をかけてつくる料理』（学研刊）がある。

憧れの料理家・ワタナベマキさん。料理に対する苦手意識が強い私は、次々と新しいレシピを生み出しているマキさんに聞きたいことがたくさん！お話を伺って、料理を楽しむコツを教わりました。

ご自宅は木の家具と植物で、癒される雰囲気。リビングの大きな食器棚には、長年かけて集めた器が収納され、器好きの私は興味津々！

「厨房がきれいだと
味も信用できる。
家と料理は
似ていますよね」

マキさん「おいしい料理は、整ったキッチンから」

キッチン背面の棚には、使用頻度の高いものを。下段の白い壺は塩、上段のかごはキッチンで使う掃除道具や子どものお菓子などを収納しています。余白を作って、すっきり見せて。

食器は数が多いので、リビングの専用ボードに。探さなくてもパッと見つかるのは、よく使うものを取りやすい場所に置いているから。体が自然に動きます。

汚れはためない。毎日ざっくり拭き掃除

本多（以下「本」）　料理家さんのキッチンを見るのは、初めてです。ピカピカでびっくりしました。

マキさん（以下「マ」）　よく行く好きなお店は、厨房がすごくきれいなんです。調理場が清潔だと味も信用できる。私も料理を仕事にしているので、キッチンはきれいにしておきたいなと思って。

本　わかります。私もお店に入るかどうか迷ったとき、厨房のきれいさをつい見てしまいます。でも、キッチンをきれいに保つためには、掃除が大変では？

マ　夕食を食べて食器を洗ったあと、ふきんでダイニングテーブル

左)「棚の２段目の手前は、洗った器やバットなどの一時置き場になるので、常に空けておきます」
下)調理道具(P4)は小ぶりなほうが使いやすいそう。調理しながら取れるように、コンロの脇のツール立てにまとめています。

乾物を余らせてしまう私は保管場所を悩み中。マキさんは一度に使い切るそうですが、残ったときは小さな壺へ。引き出しで埋もれないので、使い忘れを防げます。

を拭く流れで、調理台、コンロ、レンジフード、脇の壁まで拭いちゃいます。細かいところは気にせず、ざっくり拭くだけ。毎日やれば汚れがたまらないのでかえってラクです。

本　レンジフードも拭くんですね！　たしかに、ついたばかりの汚れなら、苦にならずにできそう。

本多「同感です。掃除は毎日、なんですね！」

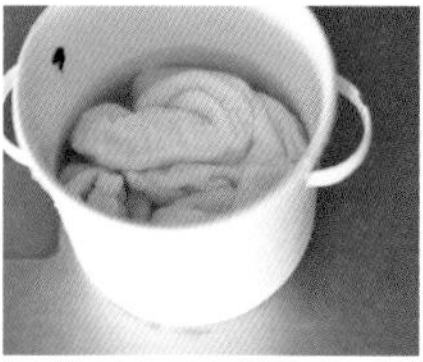

シンクやコンロ回りは、毎日拭いて清潔にキープ。ふきんは使ったらどんどん新しいものに取り換え、使用済みは漂白剤につけて、入浴時にまとめて洗濯するそう。

素材に統一感があれば 出しっ放しでもすっきり

本　キッチンにものが少ないですよね。電化製品も見当たらないですし。

マ　調理道具は長く使えるものを選ぶので、比較的少ないほうかもしれないです。コンロの下にガスオーブンがあって、オーブンは外から見えない。ご飯は土鍋で炊いて、食パンは網で焼くから、炊飯器やトースターは持っていないんです。

本　食器の収納はどうしていますか？

マ　器は大量にあるので、リビングの大きな棚に収納しています。忙しい朝はリビングに行くのが面倒なので、朝食用の器だけキッチンの戸棚です。

本　棚の上に置いているものも素敵。

鮭のたれ漬けを使って、エスニックな一品を。鮭ひと切れに対してクミンシード大さじ1をまぶし、両面をこんがりとソテー。ドレッシングであえたミニトマトをソースに。

本多「作り置き、苦手なんです……」

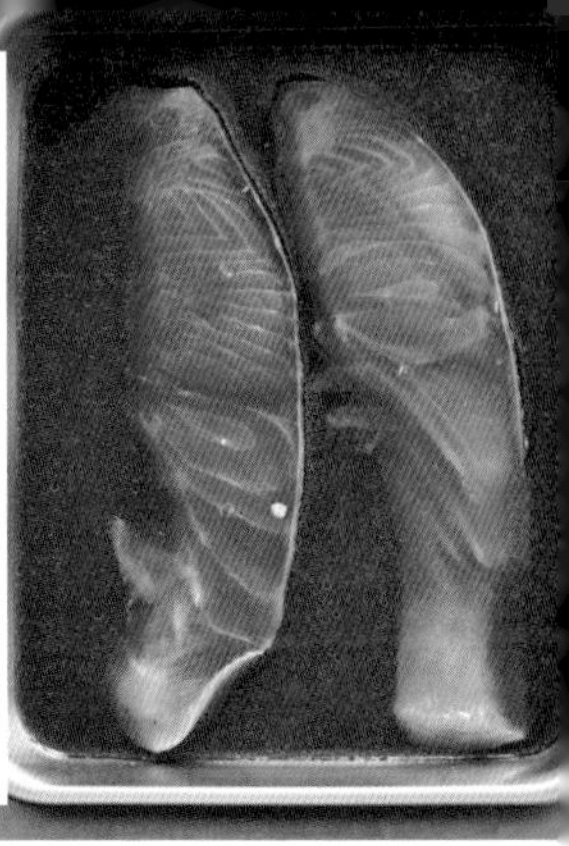

マキさんの「ついで作り」の定番、鮭のたれ漬け。たれは鮭4切れに対し、しょうゆ、酒、みりんを各大さじ3。冷蔵庫で半日漬ければ、おいしく仕上がります。

ものがあっても、すっきりしていますね。

マ　かご、木、白と、好きなものが決まっているんです。洗いかごも竹かごを使っているから、出しっ放しでも気にならない。色や素材に統一感があれば、すっきり見える気がします。

1品を使い回して ご飯作りをラクに

本　私は料理の苦手意識が強くて。マキさんにいろいろと教えてもらいたいです。

マ　なんでも聞いてください（笑）。料理のどんなことが苦手ですか？

本　野菜を切ったり、計量したり、作業っぽいことは好きですが、展開させるのが苦手です。ブロッコリーをゆでても、どう使ったらいいのかわからないから、結局サラダばかり

野菜のあんかけで、ボリューミーなおかずに。鮭に薄力粉をまぶして焼き、取り出します。野菜を炒めて漬け汁を加えて煮立て、塩と酢、水溶き片栗粉を加え、ごま油を少々。

マキさんの手作りドレッシングは、簡単で美味。黒酢とオリーブオイルを同量ずつ混ぜ、塩で味を調えるだけ(酢とオイル各50mlに対し、塩小さじ1/2)。黒酢なら砂糖を使わなくてもコクが出るそう。開眼！

(笑)。常備菜も苦手。たくさん作ると早く食べなくちゃと、ストレスになってしまいます。

マ　私が作るのは常備菜というよりも、朝食や夕食の準備のときに1品仕込む「ついで作り」です。朝、鮭をたれに漬けておけば、夜は焼くだけ。ミニトマトをドレッシングであえてマリネにしておけば、そのまま食べてもいいし、ベビーリーフなどを加えてサラダにしてもいい。焼いた魚や肉のソースにもなる。同じ味を食べ続けるのは飽きるけれど、ひとつのものを使い回していけば、毎日違う味が楽しめます。

調味料の使い方を知ると料理が楽しくなる

本　たれに漬けたり、マリネにするだけならできそう。いろいろな食べ方ができてレパートリーが広がるの

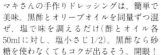

マキさん「『ついで作り』から始めてみては?」

サラダのマンネリ化から卒業するべく、マキさんにサラダ作りを教わりました。上右)ホットサラダは、鍋に野菜、白ワイン、オリーブオイル、塩を入れて蒸し、ドレッシングとこしょうをかけるだけ。上左)マッシュルームサラダ。薄く切ったマッシュルームに、すだちの絞り汁と塩をふり、オリーブオイルを回しかけます。

もいいですね。

本　私はよく調味料を余らせてしまいます。ナンプラーも挫折しました(笑)。

マ　ナンプラーはしょうゆの代わりに使うといいですよ。それぞれの調味料が持つ役割を知ると使いやすくなるかも。たとえば、酒は臭みを消して素材の旨味を底上げするから、野菜を蒸すときは白ワインを入れます。さらに油を加えるのは、しっとりして冷めてもおいしいから。

本　なぜこの調味料を使うか理由を知ると、レシピも頭に入ります。マキさんの料理は簡単なのに味が深くて驚きました。

マ　素材の味を引き立てるには、味つけはシンプルでいいんです。

本　料理がちょっと楽しくなりそう。さっそく帰ったら作ってみます！

もっと聞きたい！
育児と家事のこと

マキさんは、小学5年生の男の子のお母さん。
料理家として多忙な日々を送りながら、
軽やかに家事と育児をこなす秘訣を伺いました。

きちんと整えて記憶に残す

食器棚は部屋で一番目立つので、上にものを置かないルールに。

子どもの家事育、どうしていますか？

話すより、見せることで子どもの自主性を育てるのがマキさん流。「見たものは記憶に残る。将来思い出して自分でできるように、私自身がまずきれいに整えます」

一方で、子どものものはルールを設けてお任せに。「世話を焼きすぎると何もできない大人になるから」という言葉に共感しました。

家事の成果を見せるようにしています

作った人に感謝の気持ちを

食べ終わった食器は、つむぎくんが自分でキッチンまで運びます。「それが食べる人の仕事。ありがとうの気持ちを態度で示します」

自分のものは自分で管理する

リビングに持ち込んだおもちゃは「とりあえずかご」に入れる約束。「散らかっていると、ゴミ箱行きです！」。ものに対して責任を持たせます。

マキさんのボトムスは、1枚ずつ畳んで取りやすく収納。自分のものでお手本を示します。

つむぎくん（10歳）

現在、小学5年生。料理を作ることに興味があり、一緒に買い物に行ってマキさんと食材を選ぶことも。学校では料理クラブに入ったそう。

毎朝30分のルーティン掃除

忙しくても
暮らしを回すコツは？

「一日のスケジュールに掃除を組み込んでしまえば、家はそこそこ維持できます」とマキさん。朝つむぎくんを送り出し、朝ドラが始まるまでの30分が掃除の時間。これだけは土日も欠かしません。「丸く拭くのでラク。毎日やれば、昨日と今日の丸は違うから、結果きれいに」

1 はたきがけ

毛ばたきを使って、食器棚の上や照明、幅木などのほこりをさっとぬぐい取ります。毛ばたきは、高い場所でもしっかり届く、柄が長めのものを使用。

ざっくりまぁるく、
毎日やることかな

2 掃除機がけ

軽くて使いやすい白木屋傳兵衛の地草を使った「江戸手箒」。右は布団のほこり取りに。

リビングをスタート地点に、家じゅうを掃除機がけ。パワフルなミーレの掃除機なら、二度がけいらずで時短。隅やすき間は小回りがきくほうきでカバー。

3 床拭き

濡らしたウエスに精油をたらし、リビングの床を水拭きします。ワイパー拭きで、拭き残しを気にせずザッザッと。パンツを傷めないよう、バレーボール用の膝当てを装着することも。

4 玄関掃除

人が出入りする玄関はいつもきれいに。ほうきでゴミや土を掃き取ったあと、たたきの汚れをウエスで水拭きします。ウエスはすぐ濡らせるよう洗面所に収納。

「青森ひば精油」は、抗菌や消臭効果がある上に、ヒノキの香りが心地よく、気分もリフレッシュ。

5 トイレ掃除

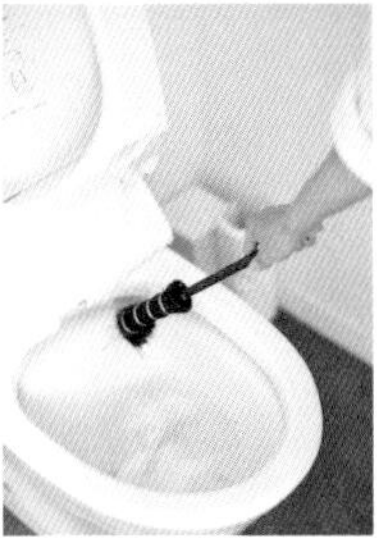

便器の中に洗剤をかけて、ブラシでこすります。外はアルコールスプレー+トイレットペーパーでひと拭き。仕上げに、香りのよい消臭スプレーを吹きかけます。

しなやかな家事

山岡真奈美さん

data

5人暮らし（本人36歳・主婦、夫46歳・自営業、長女10歳、長男6歳、二男4歳）。住まいは一戸建て（約120㎡、5LDK）

「決めすぎず、追い込まない。変化を受け入れて心をやわらかく」

「かごで収納は自由になります」。どこでも置けて、変更も思いのまま。手っ取り早く、適材適所が叶います。奥のかごにはレジ袋を。

家事は自分の写し鏡。気分や体調で変化させて

散らかし盛りのお子さんがいるのに、すっきりと片づいた山岡さん宅。

「3人目の出産後、ものが増えて管理に追われてしまって……。2つあるものを1つに減らすことから始めたんです」

断捨離が進むにつれ、生活がラクになって好循環に。今では扉の中がぐちゃぐちゃだと、気持ちまでモヤッとするそう。

お話で印象的だったのが、「家事は自分の写し鏡」という言葉。その日のコンディションで家事の質は変わるため、疲れた日でもそれなりにできるよう、何事も決めすぎないようにしていると言います。いつでもできるよう家事の道具を配置したり、なんでも作れるよう食材を用意したり。気分や体調と相談しながら家事を進めて、ムリをしない。

今の私は、「明日のラク」のために頑張って息切れしそうになるので、「さじ加減」を知ることの大切さを教わった気がしました。

ものが片づいたリビング。散らかり出したときこそ、見直すチャンスだと言います。「面倒に思ったら、場所を変えて試してみて、またあちこち動かして」

気軽に変えられる

収納は、年齢やライフステージで変わるもの。
だから、ケースやラベルは
「変える」が億劫にならないものを。

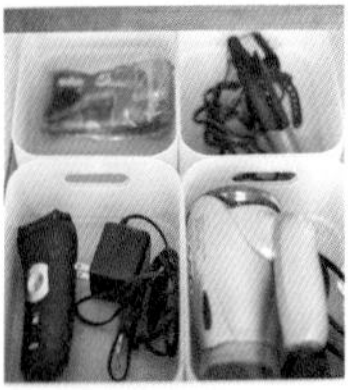

しまうものを選ばないボックス

引き出しの中身が入れ替わっても、たいていのものが収まるよう、ボックスは仕切りのない中サイズを。引き出しにも収まりやすく、使い回しがききます。ダイニングテーブルや洗面所の引き出しで使用。

貼り替えやすい手書きラベル

見た目の美しさも気になりますが、子どもが幼い今、大事なのは、場所をはっきりと伝えること。マステにマジックで書くだけなら、変化に即対応できます。

どこでも使えるかご

「かごは出しっ放しにできる優秀な収納用品」と山岡さん。どこでもマッチし、気軽に動かせるので、あちこちで使っています。デスク下でタップの目隠しに。

「とりあえず」を恐れない

ものが増えると管理も増えるので、安易に買いません。あるもので対応し、暮らしのフットワークを軽く。

上）ポリバケツをキッチンのゴミ箱に。生ゴミはこまめに処理するので、ふたなしでも大丈夫。右）男子部屋のドアノブにリュックを引っ掛け収納。「出入り口なので、持ち出しやすい」

半調理がちょうどいい

その日の体調や気分で、家族の「食べたい！」は変わります。下処理だけすませ、選べるように。

「汁さえあればなんとかなる」と1週間分の汁ものの具を冷凍保存。5〜6種類の野菜と油揚げやベーコンなどをカットし、組み合わせや配分を変えてセット化。洋風気分のとき用にポタージュも準備。

いつでもできるように

掃除の時間を決めると、やれない日は落胆するので、あえて設けていません。気づいたときにできるよう、準備は万全に。

目についたら パパッと掃除

子どもがいればほこりも舞います。「元気な証拠、と思っておおらかに」。テレビを見ていて目に入ったら、毛ばたきでひとなで。同じリビングのキャビネットに収納しています。

ついでに ちょこっと拭き

ウエスはガラスの保存瓶に入れて、梅酒の横にちょこんと。コンロの後ろなので、油汚れに気づいたときに、すぐ掃除にかかれます。調理の合間にできるのがミソ。

子どもが

片づけたくなる部屋づくり

子どもの帰宅時の動線に合わせて、服や園グッズの収納場所を考えました。ここでもやっぱり、どこでも置けるかごが大活躍。

ただいま〜

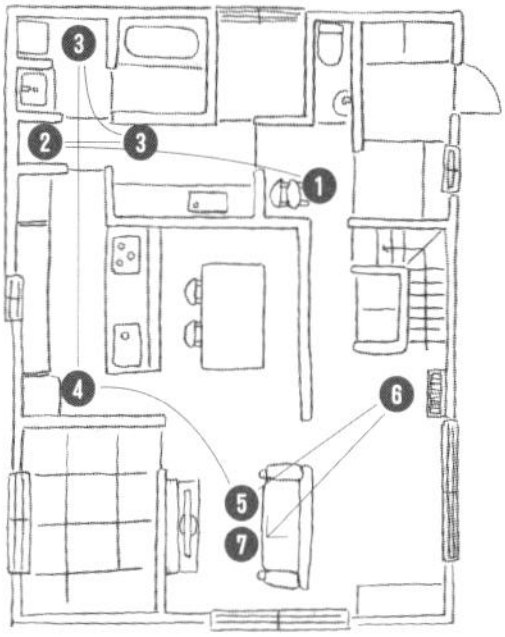

帰宅時の片づけ動線マップ。山岡さん宅の１階は、ダイニングを中心に回遊できる間取り。玄関→洗面所→洗濯室→キッチン→リビングとひと回りすれば、自然にものが片づきます。

1 帽子はかごの中

玄関ホールに椅子を置いて、かごをセット。帰ってきたら、真っ先に脱ぐ帽子入れを作りました。子どもが入れやすい高さなので、歩きながらポイッ、で片づきます。

2 制服と鞄を片づける

かごはリビングへ

まっすぐ進んで、キッチンの入り口へ。明日も使うリュックと制服を、廊下のかごに放り込みます。かごは朝、キッチンにいる山岡さんがリビングに移動。ここで制服に着替え、弁当をリュックに入れます。

3 部屋着に着替える

洗面所で手洗いとうがいをすませ、すぐそばの収納から部屋着を取り出し、着替えます。脱いだ服を持って、廊下の先にある洗濯室へ。男子専用の洗濯かごに放り込みます。

脱いだ服は洗濯かごへ

このあとはダイニングでおやつ。通り道に置いたキッチンのかごに、リュックから取り出した水筒を入れます。ここなら、山岡さんが洗いやすく、お茶を準備しやすい。

4 水筒をキッチンへ

5 お絵描き開始

道具は後ろのキャビネット

おやつのあとは、リビングの丸テーブルでお絵描き。子ども部屋は2階なので、すぐ描けるよう、紙や鉛筆はソファ後ろのキャビネットに収納しています。片づけもスピーディ。

6 読書やおもちゃ遊び

本やおもちゃで遊ぶときは、階段近くのマガジンラックへ。2階へのアクセスがいいので、飽きたら簡単に入れ替えられます。玄関も近く、借りた本の返却がラク。おもちゃは数を抑えて、散らかりを最小限に。

おもちゃは入るだけ

7 リビングのリセット

就寝前に山岡さんが声をかけて、一緒に片づけ。すっきりした状態で、翌朝を迎えます。収納は2カ所で動線も短いため、子どもでも5分あれば片づきます。

すっきり!

私の家事スイッチ

「キッチンのリセット。私の朝は台所仕事から始まるので、片づいたキッチンを見ると『今日も頑張ろう』という気持ちに」

あさっての家事

マルサイさん

data

5人暮らし（本人37歳・イラストレーター、夫48歳・アートディレクター、長男7歳、二男5歳、三男2歳）。住まいは分譲マンション（約77㎡、2LDK）

明日、あさって食べるために今日仕込むぬか漬けは、マルサイさんの家事スタンスそのもの。おかずになるので、毎日野菜を漬けます。

「今日考えるのは
あさってのこと。
負担が3分の1に
なるから」

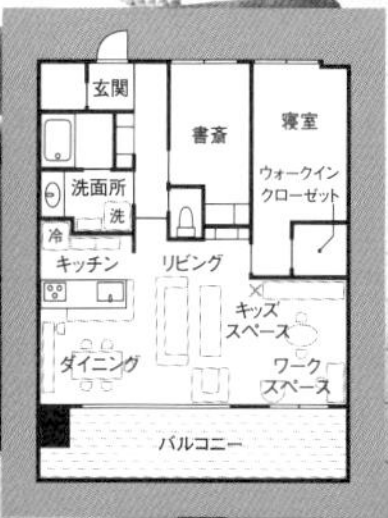

今やっている家事が未来のわたしを助ける

やんちゃな男子3人の子育て奮闘記をインスタグラムで発信し、著書も話題のマルサイさん。育児をしながら家族5人分の家事をこなす秘訣は、明日、あさってを見て家事をすること。

「今日全部やらなくちゃと思うと追い詰められてしんどいけれど、今やるのは2～3日分の1回と考えれば、力加減も2分の1、3分の1でいい。すると、明日がちょっとラクになるから、昨日の自分に感謝したくなります」。

一度に3日分の作り置きは明日、あさっての1品になり、2日に1回の洗濯はしない日のためにと思えば、心に余裕が生まれます。

私は息子が生まれてから、目の前のことでいっぱいいっぱい。家事量の増加と時間のなさにまるで修行⁉と思う毎日ですが、「明日のラク」のために「家事貯金」を続けることで、日々の負担を軽くできるんだなぁと勇気をもらえました。

すっきりとしたリビングダイニング。朝夕と夕食後にほうきで掃き掃除をし、汚れをこまめにリセットします。私物持ち込みルールもユニーク(P133)。

家事の負担をならす

毎日全力投球するのは疲れるから、120%やってあとは80%、80%でいく。今日やれば明日ラクになる、うれしいしくみ。

作るのは「ここ3日の1日分」と考える

アレンジのきくきゅうりのスライスは、一度に3日分の塩もみをすませて冷蔵庫へ。手間はかかりますが、明日、あさってラクできると思えば、気持ちは軽やかです。ほかにゆでたほうれん草などをストック。

保存容器で冷蔵

あさって

明日

今日

きゅうりの塩もみを3品に展開。ゆでたじゃがいもやハムとマヨネーズであえてポテトサラダに、ツナとしょうゆを混ぜてあえ物に、わかめやちくわとすし酢、しょうゆ、白ごまで調味して酢の物に。

【キッチン仕事の軽量化】

5人分の食事作りは重労働。
少しの工夫で負担を軽減します。

疲れた日の保険を持つ

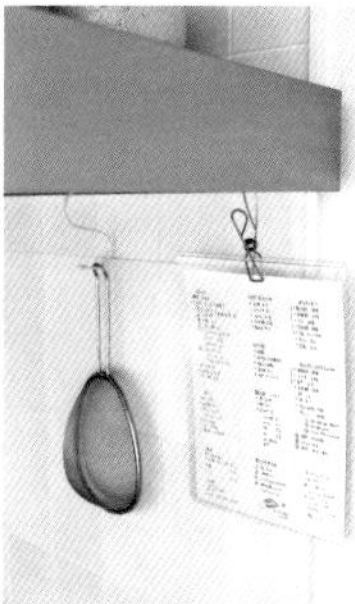

よく作るレシピや野菜の展開方法などを書いた紙を、クリアケースに入れてコンロ脇に。献立を思いつかないときは、これを見れば安心。

大皿で洗い物を増やさない

マルサイ家では、おかずを大皿に盛りつけ、取り皿に取り分けるスタイル。1人分ずつ皿に盛るよりも洗い物が少なくなり、量も一定に。

まとめ洗いで「しない日」を作る

洗濯は１日おき。「１回の量は増えますが、工程を繰り返さずにすむ。家事は力の抜きどころがあると、頑張れます」。種類別に分けて干せば、同じ形やサイズで畳むのが簡単。人別に分けたら、子どもが自分で引き出しへ。

干す前に……

洗濯機から出す段階で、子ども服、タオル、靴下やハンカチなど３ジャンルに仕分け。そのまま干して取り込めば、自然に分類。

掃除機がけは金曜日だけに

「掃除機はコードを引き出し、セットする手間がかかる。面倒がひとつ増えるんです」。毎日かけるのは大変なので、ふだんはほうきを愛用。でも週末ゆっくり過ごすために、金曜日だけは掃除機で念入りに掃除します。

ふだんは……

セットの必要がないほうきを採用。食後の食べこぼしなど1日何度も掃除するので、すぐ使えるよう、リビングの扉に吊るしています。

家事の寛容心を磨く

子どもの好奇心や欲求は、時に家事のじゃまに。「まっ、いっか」と許せる心を育て、怒りに鈍感になります。

いたずらもへっちゃらなキッチン収納

長男と二男が幼い頃、キッチンに入りたがって泣かれるのがストレスになり、ベビーゲートを撤去。子どもの手が届く下段には、重くて動かせないすし桶や、当たっても痛くないプラ容器を収納。

キズが味になる家具を選ぶ

リビングのテーブルやソファは、北欧のヴィンテージ家具。最初からキズがある古い家具なら、子どもがキズをつけても気になりません。カーテンも、洗濯機で洗えない厚手は汚れが目立たない柄物、洗えるものは白に。

汚してもタメになる
お手伝いを受け入れる

白玉団子作りは、子どもたちも大好き。派手に散らかすので後始末が大変ですが、目をつぶって一緒に楽しみます。「やめなさいと言っても、子どもの好奇心は続くもの。体験させて、欲求を満たすことが大事です」

泥汚れも安心な
優秀洗剤を持つ

子どもが服を汚すと、洗濯物が増えるのがイヤでついイライラ。よく落ちる洗剤があれば、泥遊びも笑って見すごせます。愛用の洗剤は、生活クラブ生協連合会の「顆粒状 酸素系漂白剤」。

育児部のススメ

夫婦で育児について考えるから「育児部」。
ミーティングの時間を設け、
子どもの教育方針を真剣に話し合います。

育児部の部長はご主人。家事や育児を女性がするものという考えではなく、夫婦が対等に同じ責任で取り組めるように、部活という形にしたそうです。「子どもが寝たあとは、ミーティングの時間。その日の子どもの様子を報告して反省点を洗い出し、対策を立てて次に生かします」また、親もスキルアップを目指し、育児関連の情報を共有。モンテッソーリ教育なども勉強し、日々の暮らしに取り入れています。

親のスキルを上げる

部の成績は、部員の能力アップで向上します。モンテッソーリ教育を参考に、収納をアップデート。ダイニングテーブルの上に、水やコップ、カトラリーをまとめて、子どもが使いやすくしました。

子どもの承認欲求を満たす

「子どもは案外家事をやりたがる。人に認められたいという気持ちを大事にします」。家事を大人の仕事と遠ざけず、家族の一員として参加。ガラス磨きも慣れたものです。

私の家事スイッチ

「同じことを続けるのが苦手なので、傷防止フェルトの貼り替えや食器の整理など、変化球ネタを1日1つ組み込みます」

家事をゲームにする

風呂洗いやほうきがけなど、家事の役割分担はルーレットで。「外れくじなし。なのに回すのが楽しくって、子どもたちは大喜び」。ゲーム感覚で楽しみながら、子どもの家事参加を促します。

すき間の家事

山内利恵さん

data

4人暮らし(本人 39歳・主婦、夫39歳・会社員、長男3歳、二男1歳)。住まいは賃貸マンション(約55㎡、2LDK)

「まとまった時間がなくてもできる、しくみと段取りを模索中」

右)洗濯機上のラックにハンガーを引っ掛ければ、干す動線が最短。左)レシピ本を見るときは、目線の高さにボトムス用のハンガーを吊るして。

配置の工夫と工程の分解ですき間時間をフル活用

フックを使った吊るし収納、押し入れのコの字配列……。収納のしくみがわが家と似ている山内さん宅。お互い同月齢の男の子を育てていることもあって、共感できる悩みがたくさんありました。

そのひとつが「家事の中断」。おもちゃの出し入れや危険物の誤飲で、手を止めずにすむよう、ものの配置を工夫していました。たしかに、子どもが自分でできれば、「取ってー」と呼びつけられずにすみます。また、「まとまった時間が取れない」という悩みには、家事の工程を分ける、ついでにすませるなど、すき間時間で家事を片づけるよう心がけていました。

ところで、山内さんの好きな家事は私と同じ収納。マメに更新したくても育児優先で後回しになりがちですが、山内さんはiPhoneのリマインダーにメモし、時間ができたときに実行するのだそう。なるほど！ 子どもの昼寝中など、不意の空き時間に役立ちそうです。

一日の大半を過ごすリビングダイニング。「前は部屋を分けていましたが、下の子が動き出してからは一緒に。隣がキッチンなので、目が届きやすいんです」

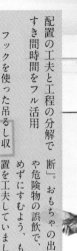

家事を中断されない収納術

得意の収納を生かして、
お母さんが安心できる部屋づくりを。
ひとり遊びを応援し、家事に集中します。

触ってもいい

口に入らなければ
下段ＯＫ

上）子どもの手が届く棚には、積み木など口に入らないものを。「自分で勝手に遊んでくれるのもうれしい」下）オムツは、取り替える床の近くに。「軽くてやわらかいので、当たっても心配なし」

自分でやれる

食卓のベンチ下に、大好きなプラレールを。ここなら、座ったまま取り出せるので、呼びつけられることがありません。目当てのおもちゃがすぐ見つかるように、広口のケースを採用。

探しやすく
取りやすい位置

車庫入れ気分で
出し入れ

押入れにテーブルを収納し、下を空けて車の車庫に。「ドライバー気分で、車庫から出し入れするのが楽しいよう。ひとりで出し入れしています」。バック駐車で乗り出しもラク。

触られない

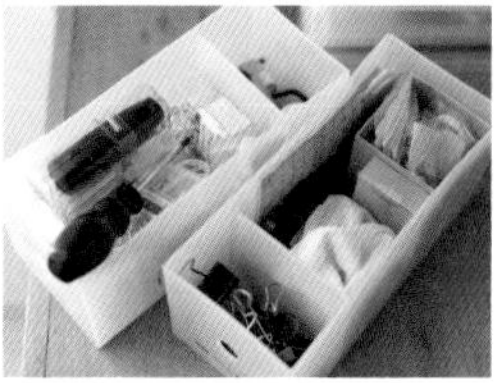

電池やはさみは押し入れ上段

「口に入れたら困る危険物を排除しておけば、いちいち駆けつけずにすみます」子どもの手が届かない押し入れ上段に、引き出しを。クリップやドライバーなどを分けて入れています。

キッチンツールは壁面収納

子どもがシンク下の引き出しを開けるようになったので、中身をコンロ前の壁面に移動。つっぱりラックを固定し、キッチンツールを引っ掛けています。1フック1アイテム制で、手に取りやすく。

キッチンそばにベビーベッドを

5分だけ、調理に集中したい……。そんなときは、ベビーベッドの出番です。キッチンから見える位置に置いて、中に子どもを。「乗り物に乗った気分で、外の景色を楽しんでいます」

下に置くものはファスナーつき

かさばる食品ストックは、収納場所が限られるもの。「下段に置くなら、ファスナーつきのボックスを。開けるのを諦めて、いたずらしなくなります」。隣は米びつで重いふたがストッパーに。

ついでにやる掃除術

通ったついで、手にしたついで……。
暮らしの寄り道で、時間がなくてもきれいに。
ポイントは道具の収納場所。

遊ぶついでに 玄関掃除

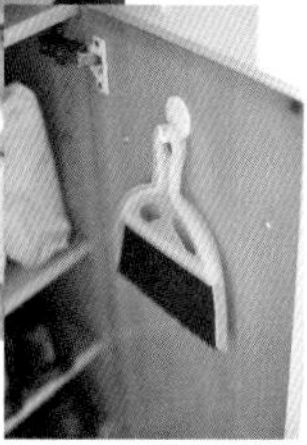

3歳の長男は、家事の道具に興味津々。外遊びで靴を履いたら、「ほら、そこのほうきを取って」と声をかけます。「ちりとりにゴミが入るとうれしそう。『上手！』とほめちぎっています」。ほうきは靴箱の扉裏に収納。

入浴ついでに 風呂掃除

子どもを夫に預けたあと、ひとり残ってさっと掃除。スクイージーで壁と床の水をきり、スポンジで浴槽の汚れを落とします。排水口の受け皿はプラスチックからステンレスに替え、2日に1度ブラシがけ。

洗顔ついでに
洗面台掃除

朝、洗顔をすませたら、顔を拭いたタオルで、洗面台の水けを拭き取ります。拭き終わったら洗濯機へポイ。「毎日のことなので、さっとなでる程度でOK。わざわざ雑巾を用意する必要もありません」

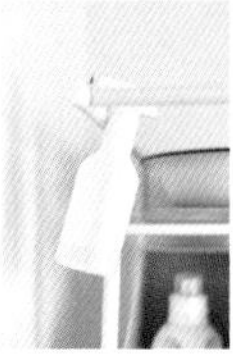

使ったついでに
トイレ掃除

トイレトレーニングでおしっこをこぼしたら、クエン酸スプレーを渡します。「シュッとするのが好き。少なくともじゃまになりません(笑)」。そのあと雑巾でざっと拭けば完了。スプレーと雑巾は洗面所に。

こま切れOKな調理術

切る、ゆでるetc. 調理の工程を分解し、すき間時間に1工程やっつける。すると「おなかすいたー」の声に慌てません。

切っておく

サラダで手間がかかるのが、キャベツの千切り。時間があるときにカットし、水を張った保存容器で冷蔵しておけば、すぐに作れます。食パンに、マヨネーズ、コーン、チーズと一緒にのせて、トーストしても。

ゆでておく

おかずは、大人、長男、二男用の3種類用意する山内さん。ほうれん草をゆでて切っておくと、使い回しがきいて便利です。大人はめんつゆをかけてお浸しに、長男はひき肉と豆腐のハンバーグに、二男は卵焼きに。

ほったらかせる

カットした野菜をストウブに入れて弱火にかけること20分。蒸し野菜のでき上がりです。「つきっきりでなくていいので、子どもの相手ができる。しかも、おいしい！」。面倒な味つけもいりません。

蒸した野菜は、ハーブ入りの調理塩「クレイジーソルト」をかけて。マヨネーズも美味。

私の家事スイッチ

「キッチンの棚にアクリルケースを置き、好きな器をディスプレイ。献立に行き詰まったらチラ見し、やる気を奮い立たせます」

みんなのお助けメニュー

1日3度のご飯支度。疲れてなーんにもしたくない日は、どうしてる？とっておきの一品を教えてもらいました。

ワタナベマキさんは→ じゃこ卵丼

味が出るものを混ぜればOK

のりとじゃこの旨味で、満足度アップ。卵、じゃこ、ねぎをボウルに入れ、しょうゆをたらして混ぜます。ごま油を熱したフライパンで半熟に加熱し、ご飯にのせて、のりとごまをパラリ。

柴田寛子さんは→ キーマカレー

おいしいカレーペーストで手軽に

ひき肉とフライパンで、お手軽なカレーを。数種類のスパイスが入った「カレーの壺」を使えば、本格的な味になります。肉と野菜を炒め、「カレーの壺」、水を加えて煮るだけ。長芋で時短に。

山岡真奈美さんは→ 炊き込みご飯

ホーロー保存で火にかけるだけ

「甘辛味はみんなの好物」と炊き込みご飯の素を常備。野菜をフードプロセッサーにかけ、肉と一緒に煮てホーロー容器で冷凍。そのまま火にかけ、ご飯に混ぜるだけ。具だくさんでおかずなしでも。

本多さおりは→ 牛丼

鍋の力で玉ねぎを甘く

ストウブで煮ると玉ねぎが甘くなり、牛丼がおいしく作れます。玉ねぎと白だしを鍋に入れて5分ほど煮たら、牛肉としょうゆ、酒、砂糖、塩を加えて10分煮て、しょうがなどで味を調えて完成。

ちかこさんは→ 鶏香味焼きワンプレート

野菜もたっぷり取れてヘルシー

ひと皿に盛り合わせれば、栄養もバッチリ。メインは鶏肉で、たれ（しょうゆ、砂糖、ごま油、ごま、ねぎ）に漬けて冷凍しておいたものを焼くだけ。野菜は洗ってそのまま冷蔵すれば、すぐ使えます。

コヤマヒサコさんは→ ハンバーグ

時間のかかる玉ねぎは使わない

大好物のハンバーグなら、子どもは文句を言わずペロリ。炒め時間のかかる玉ねぎの代わりに、にんじんやしいたけを使えば時短です。わかめ、オクラ、しらすをごまとポン酢であえ、上にかけて。

マルサイさんは→ まぐろ漬け丼

切り落としで
切る手間カット

究極の手抜き料理。火も使いません。「なのに子どものウケがいいんです」。まぐろをしょうゆ、みりん、だし汁に漬けたら、ご飯にのせて好きな薬味をトッピング。まぐろは切らずにすむ切り落としを。

山内利恵さんは→ ぶっかけうどん

冷凍と常備品で
買い物いらず

冷凍うどんを常備し、冬は釜揚げ、夏はぶっかけにしている山内さん。ゆでたうどんにめんつゆをかけ、大葉や梅干し、ごまをのせたら、しょうがをすって添えます。しょうがは水につけて冷蔵保存。

ミニマムな家事

コヤマヒサコさん

data

４人暮らし（本人39歳・建築設計事務所勤務、夫41歳・建築設計事務所代表、長女8歳、二女4歳）。住まいは分譲マンションをリノベーション（約120㎡、3LDK）

「利便性より心地よさ。
余白の美学で、
家事や収納を
ミニマムに」

キッチンにはシンクの上に便利な棚がありますが、置くのは厳選したものだけ。余白がものの通り道を作り、出し入れを助けます。

ものを持たない選択で家事の効率をアップ

結婚前はものが多かったというコヤマさん。ミニマムな暮らしを始めたのは、建築家のご主人の影響が大きいそうです。

「便利なことより、すっきりとした余白のある空間のほうが心地いい。ものがないから不便になるのではなく、最初からなければ、それが当たり前になります」

ものを少なく持つことで、取捨選択のスキルが磨かれ、物事の優先順位がはっきり。だから家事も「やる・やらない」の線引きが明確で、メリハリがきいています。

便利を追求すると暮らしの道具は増えていきますが、ものが少なければ、片づけや掃除は最小限ですみます。「ものを減らす＝家事の効率が上がる」という考え方は、大いに刺激を受けました。

仕事と家事・育児の両立は大変なはずなのに、コヤマさんはおおらかで気負いがない。必要なことだけを選択すれば、ムリのない生活リズムが作れそうです。

リビングは窓越しの緑が美しく、深呼吸したくなるような気持ちのいい空間。テーブルや収納家具は置かず、カーテンもつけないという潔さ。

リビングを整えれば家が整う

全体がなんとなく散らかっているよりも、1カ所を徹底してすっきりさせると、家は自然に片づきます。

使うものだけ置く

リビングにほとんどものを置かないコヤマさん。「本当に使うものだけに絞ったら、時計やリモコン、ティッシュくらいしか必要ないなって」。数が少ないので、家具を用意する必要もなし。埋め込み棚とアンプの上に並べます。

収納家具は最小限

テレビボードの引き出し内は、全部空っぽ！「収納家具としてではなく、テレビを置く台として使っています。家具を置くと、ものが増えていきますから」。DVDなどは見ないので、プレイヤーも持ちません。

「とりあえずかご」を作らない

文房具や爪切りなどは、キッチンに収納場所を用意。「便利だから」とリビングに「とりあえずかご」を置いたりはしません。子どもには「次使うときに自分が困る」ことを伝え、戻す習慣を身につけさせます。

捨てる2秒をケチらない

リビングでゴミが出たら、キッチンのゴミ箱まで捨てに行きます。「時間はせいぜい2秒。最初からそうだと苦になりませんよ」。利便性より心地よさを優先することで、すっきりとした空間は生まれます。

子どもには「割れ窓理論」で

テーブルには何も置かず、常にきれいにしておきます。すると、この状態が当たり前になり、子どもが自分のものを片づけるように。1カ所も見逃さないことで、全体をきれいに保つ「割れ窓理論」を採用。

すぐ隣を子ども部屋に

リビングが子どものもので散らからないように、隣の部屋を子ども部屋にしました。おもちゃを持ち込んでも、すぐに片づけられる動線の短さがポイント。行き来しやすいので、ものを放置しなくなったそう。

ミニマム思考な家事の工夫

優先順位を明確にすれば必要なものが見えてきます。ものが少ないことでムダな動きが減り、家事がスムーズに。

タオル1枚でどこでも

雑巾は持たず、使用済みのタオルを拭き掃除に利用。キッチンの手拭きタオルは、シンク回りや棚を拭いてから洗濯機へ。洗面所やトイレのタオルも洗面ボウルをひと拭きします。

親子兼用で管理を減らす

ハンドソープや化粧水などは、子どもも大人と同じものを使用。洗面台がすっきりし、在庫管理の手間を減らせます。一緒に買いに行くと、値段や品質を理解して大事に使うそう。

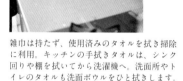

インナーの工夫で一年中

部屋着はワンピースのみ。インナーで温度調整をすれば、通年着回せます。インナーは、キャミソール、半袖、長袖、厚手の長袖の4種類。寒いときはレイヤードで対応します。

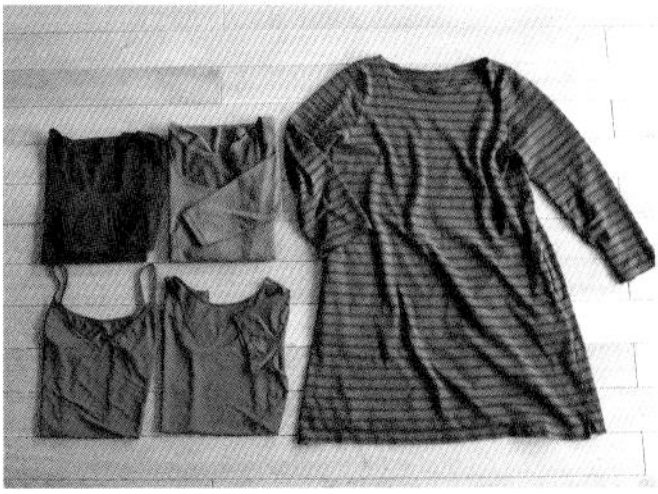

乾かすとうるおすの一挙両得

洗濯は夜のうちにすませて乾燥機へ。乾燥機にかけられないものは寝室に干し、加湿器代わりにしています。干す量は少ないので乾くのが早く、翌朝すぐに片づけられます。

全部見せて探さない

食品は前後に重ねず、奥のものを引き出せるように。詰め替えもやめ、パッケージのまま収納しています。「ラベルで商品名がわかって見つけやすい。探す手間を最小限に」

小鍋ひとつでなんでも

ご主人の帰宅が遅いので調理は3人分。「片手でさっと洗える小鍋があれば十分です」。みそ汁を作ったら保温性が高い土鍋に移し、小鍋を洗って今度はおかずを作ります。

食べ切りサイズで ロスをゼロに

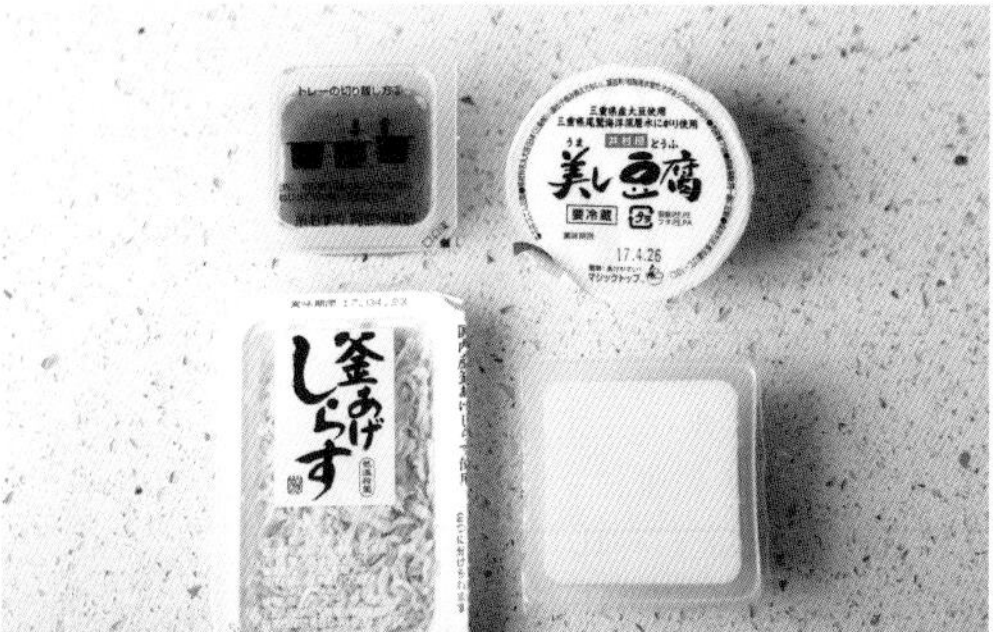

豆腐やもずくなどは小分けタイプを購入。一度に食べ切れるので、賞味期限切れのムダがなくなります。しかも、器に移すだけでおかずの一品に。子どもの手を借りることもできて、大助かりです。

調理道具にも器にも

サラダは大きめの木のボウルで調理し、そのままテーブルへ。調理道具と器を同じものですませると、洗い物がひとつ減り、盛りつける手間もカットできます。鍋なども、食卓に出せるルックスのものを選ぶそう。

私の家事スイッチ

「お酒が大好きなので、夜の晩酌が一日の楽しみ。ビール1杯で、夕食後の片づけも機嫌よくこなせます」

終わりのある家事

ちかこさん

data

４人暮らし（本人40歳・ソーイング教室主宰、夫46歳・会社員、長男9歳、長女7歳）。住まいは一戸建て（約145㎡、3LDK）

「朝ここまでできると、
よし、自分に勝った！
とうれしいんです」

朝家事を終えてすっきり整ったリビングのこの眺めが好きだそう。「家の中に好きな風景があると、モチベーションが上がります」

家事のゴールを決めて達成感をモチベーションに

自宅でソーイング教室を開いているちかこさん。昔からものを作るのが好きで、家事の中で一番の得意は料理。一方、掃除や収納は苦手だそうで、私とは逆です。

3階建ての一戸建てで階段も多く、掃除が大変そうですが、平日は家族みんなで過ごすリビングを「こざっぱり保つ」ことに専念。そのほかは休日に回し、家事を抱えすぎないようにしていると言います。

また、朝の1時間は家事に集中し、ゴールを決めてモチベーションを維持。「この時間まで、と思うことで頑張れる。朝ドラが始まる8時までに3階に上がれたら、毎日、達成感があります」

終わりのない家事にケリをつけることで、ラクを見つけたちかこさん。1階、2階、3階と駆け上がりながら、サクサクと家事をこなしていく様は、見ていて気持ちがよく、私も朝家事に時間のリミットを設けてみたいと思いました。

「料理を作るのは好きだけど、後片づけは苦手」とちかこさん。台所仕事が楽しくなるよう、収納は大好きなインテリアショップにオーダーしました。

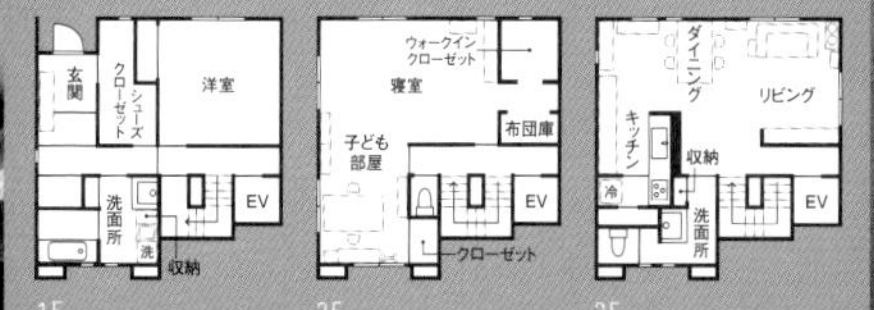

朝1時間で家事に「片」をつける

1階から3階へと駆け上がりながら、
掃除や洗濯、片づけを一気に終わらせます。
やりきった感を得ることで、家事に区切りを。

7:40 1階に下りて 玄関を掃く

子どもたちを学校へ送り出したら、そのまま玄関を掃き掃除。靴は隣のシューズクローゼットから出し入れし、たたきには置かないため、すぐ掃除に取りかかれます。

見送りがてら

7:45

玄関すぐそばの

浴室を掃除する

玄関から近い浴室へ移動。ご主人が朝シャワーを浴びるので、スクイジーで水きりをしてからスポンジでこすり洗い。掃除道具は、浴室の小窓につっぱり棒で吊るし、乾かしながら収納。

引っ掛けて取りやすく

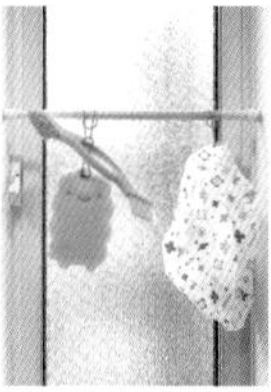

7:50

浴室隣の洗面所で

洗面台を拭く

お風呂掃除の次は、隣の洗面所。1階の洗面所は使用頻度が低いので、雑巾で洗面台をひと拭きすればＯＫ。雑巾を手にしたまま玄関へ向かい、靴箱の上をさっと拭きます。

ついでに
靴箱の上も

7:55

洗濯物を2階に持ち上がって

寝室を整える

前日の夜にすませた洗濯物を持って、2階へ移動します。洗濯物を階段に置き、寝室をリセット。布団は起きたときに上掛けをめくり、湿気を飛ばせば、頻繁に干さなくてもOK。

起床時にめくっておく

8:00

3階で朝ドラを見ながら

洗濯物を干す

朝ドラが始まる8時に3階に上がれば、目標達成。テレビを見ながら、ゆったり気分で洗濯物を干します。取り込んだ服は、各自でクローゼットへ。子どもに任せて、家事を終わらせます。

しまうのは子どもにお任せ

8:15

朝ドラ終了と同時に

リビングの掃除機がけ

朝ドラが終わったら、再び掃除モードに。リビングに掃除機をかけ、新聞やクッションを整えて、朝家事の終了です。掃除機はすぐ使えるように、キッチンの冷蔵庫脇に収納。

キッチンの死角に忍ばせて

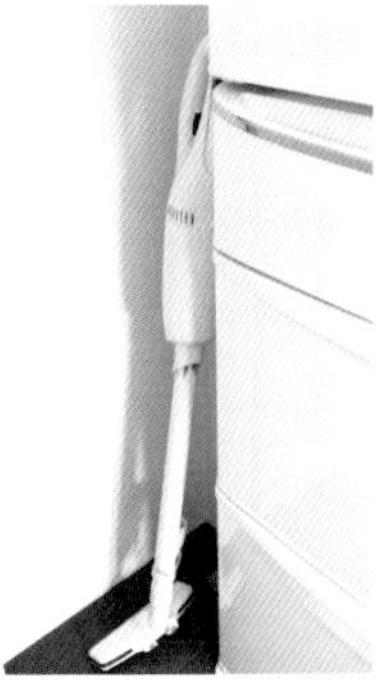

自分時間スタート

8:40

家事の「芽」を育てる

「それなぁに？」「やってみたい！」

家事のきっかけを逃さず、任せてみる。

自主性を尊重すれば、やがて即戦力に。

「やりたい！」を見逃さない

子どもが興味を示したらお手伝いのチャンス。長女は料理が好きなので、野菜を切ったり炒めたり、夕飯作りを一緒に。学校の授業で洗濯板を使う楽しさを覚えた長男は、洗濯係。夜お風呂から出たら、洗濯機に洗剤を量って入れ、スイッチON。

競争心をくすぐる

リビングの壁には、2人が自作したスタンプシートが。お手伝いをするたびにスタンプがたまり、ご褒美がもらえます。「ライバル心がムクムク。互いに負けじと積極的に」

小さな家事参加

クローゼットの引き出しラベルは、長女が作ったもの。イラスト入りで、アイテムが一目瞭然です。どうやったら服を見つけやすいか、子どもに意見を聞いて取り入れたそう。

声かけは疑問形で

声をかけるときは「片づけて」と言うよりも「どうするの？」が効果的。「一方的に押しつけるのではなく、投げかけて考えさせる。会話も片づけも、双方向性が大事です」

リビングの片づけルール

リビングでひときわ目立つ、カラフルな子ども用品。収納場所を設け、持ち込む量を抑えることで、「こざっぱり」をキープします。

勉強道具は指定席制

子どもはダイニングテーブルで勉強するので、すぐ片づけられるように、ドリルや問題集の置き場を確保。かごを2つ用意し、長男、長女で入れ分けています。筆記用具は、テーブル上のケースの中に。

持ち込む本は収まるだけ

ソファの横に小さな本箱を置いて、家族それぞれがリビングで読む本を入れる場所に。「持ち込むのはこの棚に収まる分だけ、というルールに」。本箱は、夏休みの親子工作で作ったものだそう。

私の家事スイッチ

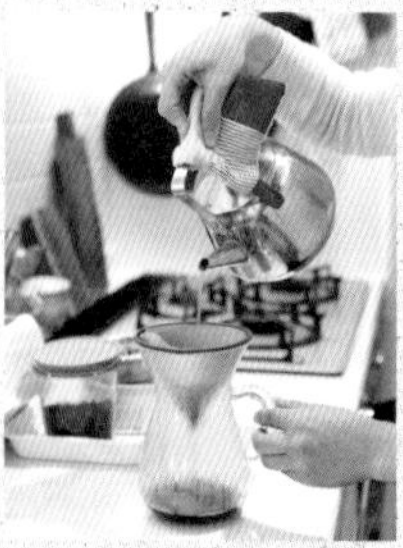

「朝起きたら、豆を挽き、自分のためにていねいにコーヒーを淹れる。今日も一日頑張ろうと思えます」

脱いだパジャマはかごにポイ

朝はリビングで着替えるので、ゴムバケツを置いて、脱いだパジャマ入れに。クロスをかぶせれば、きちんと畳まなくてもごちゃつきません。お風呂に入るときに、1階にある洗濯機へ運びます。

雑多なものは専用引き出し

シール、キーホルダー、もらった手紙……。分類が難しい子どものものは、ざっくり放り込める引き出しが便利。長男、長女ひとつずつと決め、いっぱいになったら見直して捨てるものを整理。

子ども
プリント
対策

復習しない100点は捨てる

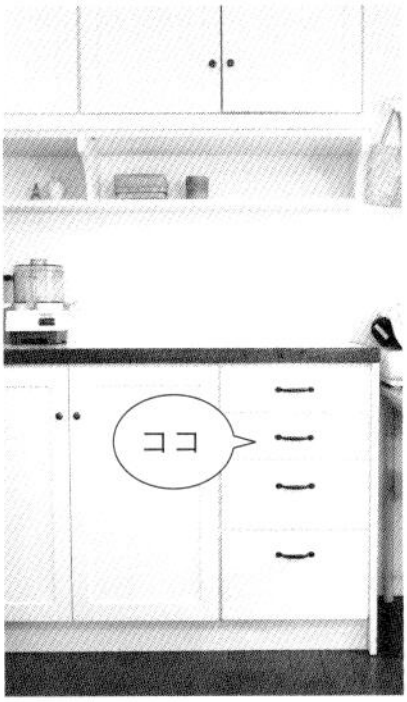

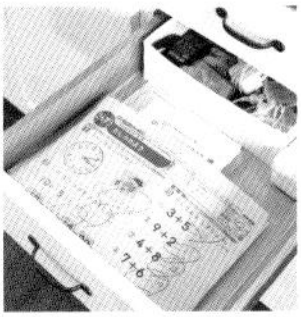

子どものテストは、満点以外をキッチンの引き出しに保管。親心から100点を取っておきたいものですが、ちかこさんは逆です。「見直す必要がないものは、さっさと処分します」

頑張らない家事

柴田寛子さん

data

5人暮らし(本人41歳・パートタイマー、夫42歳・会社員、長女14歳、長男11歳、二女9歳)。住まいは分譲マンション(約77㎡、3LDK)

「ひとりで
頑張らない、
と決めた日から、
家事が手放せるように」

カトラリーや食器は、リビングのボードに。食器棚のあるダイニングに子どもたちが集中すると準備しづらいので、あえて分散。

素直に気持ちを伝えて家族で家事をシェア

「家事はひとりでやるものじゃなくて、みんなでやるもの」と話す柴田さん。子どもたちは小学2年生から食事の配膳係を担当し、消耗品の補充も「最後に使った人がやる」がルールです。

　家族全員が家事に参加するようになったのは、3人目の出産後から。以前は頼むより自分でやったほうが早いと家事を抱え込んでいたそうですが、体調を崩したことがきっかけで、「ひとりで頑張らない」と決心。家族にもわかる収納に見直し、手伝いやすいしくみを作りました。

「疲れた日は素直にお願いし、やってくれたら感謝を伝える。やり方を押しつけず、うまくできなくても受け入れます」柴田さんの声かけは絶妙で、「今日は忙しいからシャワーだよ」と言うと、お風呂につかりたい子どもが湯を張ってくれるといった具合。自ら手が挙がるのを待つ言い方は参考になり、わが夫にも試してみたいと思いました。

ダイニングは子どもとのコミュニケーションの場。一緒におやつを食べたり、調理しながら今日の出来事を聞いたり。子どもはここで勉強もします。

ムリをしない

「お母さん、できません」
そう言って家族の協力を仰ぎ、
家事の逃げ道を確保することも大事。

夕食コールであせらない

柴田さんは毎日「今日の夕食は○時」と事前に発表。子どもたちはその時間までに、宿題やシャワーなど各自でやることをすませます。お母さんの都合を伝えて、気持ちに余裕を。

疲れた日は食器を替える

器が大好きな柴田さん。ふだんは作家ものを楽しみますが、疲れているときは扱いがラクな器を選びます。割れにくく、なんにでも合うイッタラの「ティーマ」を愛用。

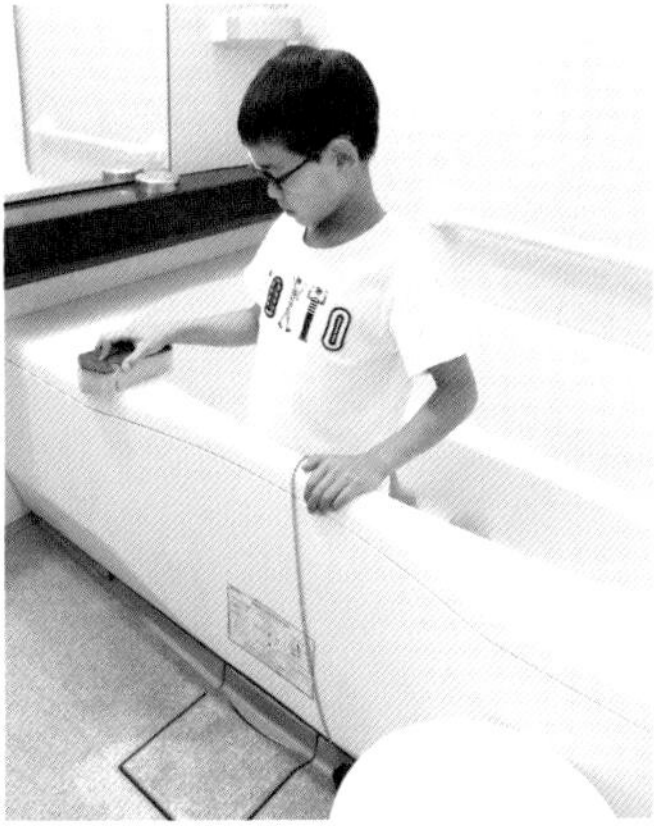

SOSで 助けてもらう

やる気が出ないときは、ひとりで抱え込まずに家事を分担。「今日は疲れちゃったから、手伝ってくれると助かるな」と素直に伝えれば、子どもたちは率先して動いてくれます。

掃除は 水スプレーで簡単に

使い捨て活用

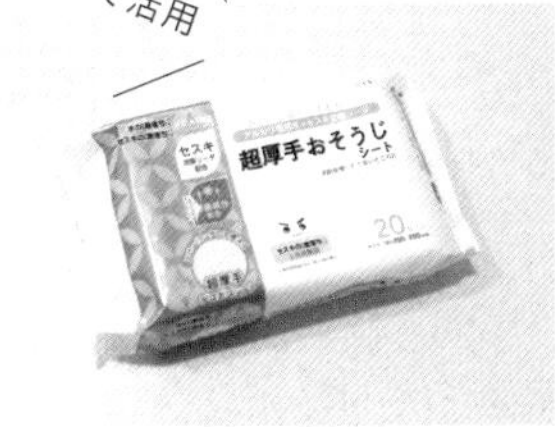

油汚れは調理後すぐの手当てで、大がかりな掃除はしません。コンロがまだ温かいうちに、水スプレーを吹きかけ、使い捨ての厚手シートで拭き取るだけ。洗剤や雑巾いらずで手軽です。

マイルールでいく

家事の評価は他人ではなく〝わたし〟。
自分が納得のいくやり方で、
軽やかに家事を回します。

タオルは2回目に干す

洗濯は2回しますが、タオルを洗うのは2回目。このルーティンを守っています。「出勤前は忙しいので、さっと干せるタオルをあとに。時間短縮が心のゆとりに」

冷凍でもおいしい焼き方

魚を解凍する時間がないときは、調理開始と同時に凍ったままグリルへ。周囲の熱で半解凍し、皮目からしっかり焼くと、おいしく仕上がります。魚は、青魚のフィレがパサつかずおすすめ。

玄関は床の延長と考える

差し替えなし

玄関のたたきは、部屋の続きとして掃除機をかけます。「ほうきに持ち替え、ちりとりでゴミを取る。それだと面倒で続かないから」。廊下に延長コードを差せば、家じゅうに届いて差し替えなし。

水回りだけ、しっかりと

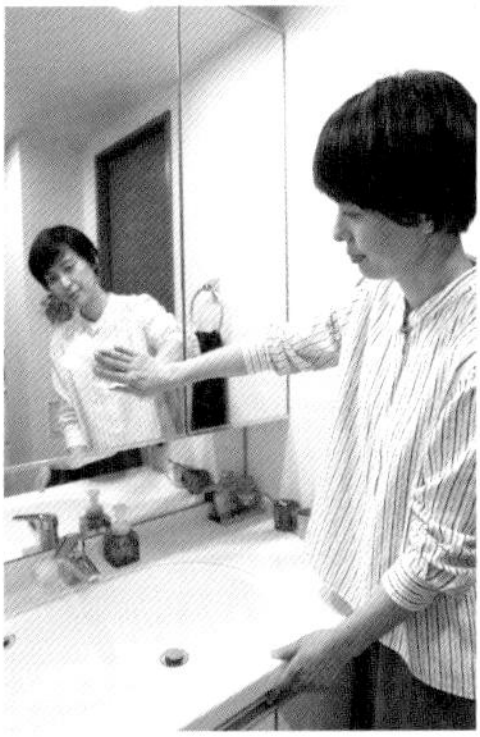

水回りは、マメに掃除をして清潔を保ちます。理由は、汚れるとなぜか家族が調子を崩すから。「汚れに気づかないほど、疲れているという証拠。健康のバロメーターです」

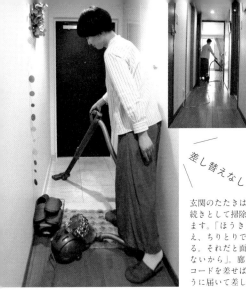

子どもは暮らしの中で育てる

家事は家族のコミュニケーション。互いを思いやる気持ちがあれば、日々の生活で自然と身につきます。

食べること

「学校で給食当番ができるなら、家でもできるはず」と、子どもに配膳係を任命。食器を出したり、お茶を注いだり、それぞれが仕事をこなします。1カ所に集まって混み合わないように、食器は分散させて収納。皿はリビングのボード(左)、コップはテーブル近くの食器棚(中)、箸はキッチンカウンター(右)に用意しています。

ホール係は子どもにお任せ

自分の食器は自分で下げる

「ごちそうさま」と言いながら、自分の食器をカウンターへ。キッチンに立つ柴田さんが受け取り、あとを引き継ぎます。家事のリレーで、自分の役割の大切さを認識。

残飯処理は自己責任で

食べ切れなかった場合は、子どもが自分で残飯をゴミ袋へ。自らの手で処分することで、「もったいない」という気持ちが生まれ、食べ物を大事にするようになります。

食べ切る量を事前申告

作った人と食べ物に敬意を払って、ご飯は残さないのがルール。カウンターに置いた炊飯鍋から、自分で量を加減して盛ります。おかずは食べ切れる量を柴田さんに申告。

整えること

消耗品は
ラス1補充がお約束

ハンドソープやシャンプーなどの消耗品は、使い切った人が詰め替えをします。次に使う人が困らないための思いやり。補充に手間取らないように、ストックは洗面台の引き出しに収納。

中学生は
社会のルールを適用

部活に勉強に忙しい長女は、クローゼットが散らかりがち。「14歳は大人であることを自覚させ、自分で買った服くらい大事にしようよ、と諭します」

汚したら拭くを
当たり前に

洗面所は髪の毛や水ハネで汚れやすいので、「使用後は拭く」を家族で共有。ティッシュを使って、さっと拭き取ります。いつも気持ちよく使うことで、掃除の大切さを実感。

GWは家族みんなで片づけ祭り

家族が揃うGWに、家じゅうの収納を見直すのが柴田家の恒例行事。和室にものを広げ、いらないものを洗い出します。洋服など人に譲るものは紙袋に、本やおもちゃなどはリサイクルショップに売り、売り上げはお小遣いとして分配。

私の家事スイッチ

「食事のときはもちろん、洗うときや拭いているときも、いいなぁとうっとりする器を使って、気持ちを盛り上げます」

Part 3

「子ども部屋・洗面所」の快適収納

子ども部屋の収納を1～14歳児の
年齢順にご紹介します。
あわせて、気になる
洗面所の扉の中も拝見。
日々のストレスに
向き合うことから、
工夫は生まれます。